W0060408

IN WENIGEN WORTEN DIE GANZE WELT

Gedichte für Kinder und Erwachsene

Herausgegeben von Christine Knödler

Mit Bildern von Daniela Kulot

Thienemann

INHALT

HAT ALLES SEINE ZEIT –
oder: Es ist eine schöne Zeit, wenn der Dattelkern keimt!

UNSEREINS –
oder: Gesetzt den Fall, ihr habt ein Schaf gekränkt

MONDNACHT UND NEUER TAG –
oder: Wo Träume noch in Nussschalen gehn

MORGENS UND ABENDS ZU LESEN –
oder: Es ist Nacht, und mein Herz kommt zu dir

FRÜHMER, SOMTER, HERLING, WINMER –
oder: Die Bäume räkeln sich. Die Fenster staunen

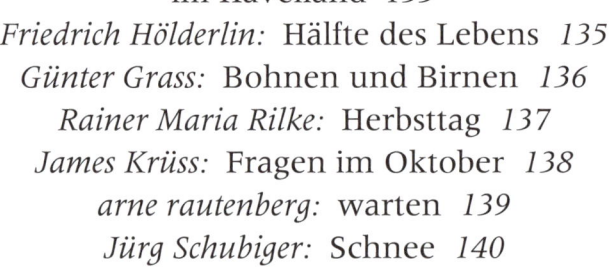

AUSSCHNITT –
oder: Das Große bleibt groß nicht und klein nicht das Kleine

AUS WORTEN WELTEN RUFEN –
oder: Nicht müde werden, sondern dem Wunder leise,
wie einem Vogel, die Hand hinhalten

AUTORENVERZEICHNIS

VERZEICHNIS
DER TITEL UND ANFÄNGE DER GEDICHTE

QUELLENNACHWEIS

VORWORT

In wenigen Worten die ganze Welt

Gedichte sind da. Gedichte berühren. Sie spielen mit Gedanken, Gefühlen, Einfällen, Erinnerungen, Träumen, mit Rhythmus und Form, sie unterhalten und verzaubern. Gedichte eröffnen Welten, innen wie außen, und immer wieder rechnen sie auch ab mit dieser Welt. Gedichte beziehen Stellung. Sie sind notwendig und zuweilen unbequem, sie können die Waffe Wort nutzen, vor allem aber nutzen sie die Möglichkeiten der Sprache. Gedichte sind Momentaufnahmen. Sie machen Erfahrungen, Einsichten haltbar und halten sie zugleich in der Schwebe. Und manchmal sind Gedichte wie Gebete. Dann können sie Antworten auf große Fragen sein. Doch genauso oft stellen sie diese Fragen überhaupt erst.

Gedichte sagen nicht alles auf einmal. Im Gegenteil ... Die knappste literarische Form ermöglicht in wenigen Worten die ganze Welt. Gedichte legen sich nicht fest, sie sind nicht eindeutig, sie wollen nicht aufs erste Wort verstanden sein, sondern gehoben werden wie Schätze. Sie geben Geheimnisse preis und bewahren sie zugleich. Gedichte können sich sehen und hören lassen – und das am besten mehrfach. Wann immer sie gelesen oder vorgelesen werden, ist etwas anderes darin zu entdecken. Gedichte laden dazu ein, sich immer wieder mit ihnen zu beschäftigen. Sie ermöglichen viele Begegnungen. In diesem Punkt sind sie beinahe wie Menschen, die man nach und nach kennenlernt, bis es irgendwann so ist, als besuche man Freunde.

Gedichte mit Kindern lesen

Genau das zeichnet gute Gedichte aus: Sie erzählen jedem Einzelnen von uns etwas anderes, immer wieder Neues oder auch Altes; je nachdem, was Leserinnen und Leser auf und zwischen den Zeilen lesen, was sie wiedererkennen oder für sich entdecken, was sie wie weitererzählen wollen und können. Schließlich gibt es kein eines Verstehen, keinen einen Sinn, schon gar kein Richtig oder Falsch. Weil Gedichte sich aufs Wesentliche beschränken, weil sie reduziert sind in der Form, weil sie mit wenigen Worten auskommen, lassen sie umso mehr Raum für die Gedanken und Gefühle derer, die sie lesen – für Ihre Gedanken und Gefühle und für die Ihrer Kinder. Und zwar unabhängig davon, ob es sich bei den Gedichten um Kindergedichte handelt oder um Gedichte für Erwachsene.

Denn was sind Gedichte für Kinder? Sind das die, die von Kinderbuchautoren und -autorinnen speziell für Kinder geschrieben worden sind? Sind es also ausschließlich die Gedichte von James Krüss, Max Kruse, Paul Maar, Christine Nöstlinger, Joachim Ringelnatz oder Jürg Schubiger, um nur einige zu nennen – aber die von Johann Wolfgang von Goethe, Hermann Hesse, Friedrich Hölderlin, Eduard Mörike, Günter Grass, Erich Fried nicht? Was trennt das eine vom anderen und wer legt die Kriterien fest? Gibt es das überhaupt: ausschließlich Kindergedichte und folgerichtig ausschließlich Erwachsenengedichte? Und wenn ja – würde das bedeuten, dass Kinder nur Kindergedichte und Erwachsene nur Erwachsenengedichte lesen dürfen? Sind die einen den anderen verschlossen? Ist der Zutritt verboten? Dürfen bestimmte Gedichte nicht in Kinderhände geraten, weil sie sie nicht verstehen können? Weil es Gedichte gibt, die Kindern nicht zumutbar sind? Wer aber entscheidet darüber, was Kinder verstehen können, was ihnen zuzumuten ist?

Trauen Sie Kindern etwas zu – sie haben es verdient

Es sind Fragen, die nicht auf die Schnelle und schon gar nicht einfach zu beantworten sind. Und doch ist eine eigene Position wichtig, besonders, wenn es um Auswahl und Zusammenstellung eines Bandes geht wie „In wenigen Worten die ganze Welt – Gedichte für Kinder und Erwachsene". Dafür braucht es Antworten, die stimmen und gelten; jedenfalls im Moment. Eine dieser Antworten ist: Unterschätzen Sie Kinder nicht. Unterschätzen Sie nicht ihren Einfallsreichtum, ihre Unvoreingenommenheit, ihre Neugierde, ihre Vorurteilsfreiheit. Muten und trauen Sie ihnen etwas zu. Sie haben es verdient. Kinder sind offen. Und wenn ihnen etwas nicht gefällt, dann zeigen sie es. Das ist mittlerweile gesicherte Erkenntnis nicht zuletzt aus der Entwicklungspsychologie: Wenn ein Kind – und im Grunde ja: wenn einen Menschen – etwas stört, langweilt, überfordert, genauso unterfordert, dann schaut und hört er weg.
Genauso oft jedoch schaut und hört ein Kind hin. Vielleicht sogar an den Stellen, auf Worte, die wir, die Erwachsenen, als unzumutbar festlegen. Die wir aus (voreiligem) Schonungsbedürfnis, aus (vorauseilender) Zuordnung vorenthalten hätten. Nicht umsonst steckt in dem Wort Zumutung das Wort Mut. Er ist Kindern eigen.
Entdecken aber lässt sich nur, was gezeigt wird. Entdecken und vertiefen genauso wie entdecken und verwerfen. Dafür braucht

es als Voraussetzung die Möglichkeit zu einer Wahl. Je breiter gefächert das Angebot ist, je vielfältiger also die Möglichkeiten sind, desto weiter und größer ist am Ende auch der Horizont der Entdeckungen, aus denen ausgewählt werden kann.

Eigene Gedanken sind frei

Ich denke in diesem Zusammenhang an eine ganz persönliche Erfahrung: Für die Abschlussprüfung meines Germanistikstudiums waren unter anderem die Gedichte von Ingeborg Bachmann und Paul Celan Thema. Erwachsenengedichte. Schwierige, im Sinne von nicht unmittelbar verständliche Gedichte. Ich habe sie meinem Sohn, der damals vier Jahre war, vorgelesen. Natürlich konnte er den Sinn vieler Worte nicht verstehen, zumindest nicht auf einer rationalen Ebene. Was er aber sehr wohl konnte war, die Schönheit, die Besonderheit der Sprache und Sprachbilder wahrzunehmen, mit ihnen umzugehen und sich an diesem Umgang zu erfreuen. Zum Beispiel mit dem Anfang des Gedichtes „Corona" von Paul Celan.
Die ersten Worte lauten: „Aus der Hand frisst der Herbst mir sein Blatt: wir sind Freunde."
„Das ist schön", fand mein Sohn und erzählte von einem Spaziergang, der uns an einer Pferdekoppel vorbeigeführt hatte. Er dachte daran, wie er Gras ausgerissen und einem Pferd unter dem Zaun hindurch hingehalten hatte. Er erinnerte sich, wie weich sich die Nüstern in seiner Hand angefühlt hatten und dass der Atem des Pferdes auf der Haut gekitzelt hatte. Aus der Hand frisst der Herbst mir sein Blatt. Mit einem Mal hatten diese Worte eine Bedeutung. Eine ganz eigene. Eine, die so vielleicht nur für meinen Sohn stimmt. Doch genau das bringt auf den Punkt, was das Lesen von Gedichten, überhaupt das Lesen, ausmacht: nämlich das Eigene im anderen zu entdecken.

Das Gedicht von Paul Celan geht aber weiter. Es kommen Verse darin vor wie:

„Mein Aug steigt hinab zum Geschlecht der Geliebten:
wir sehen uns an,
wir sagen uns Dunkles ...“

Sind das Worte, Gedanken, Bilder für Kinder? Und wenn nicht, wenn Bedenken bleiben – wie sollte eine Entscheidung dann ausfallen? Sie werden feststellen, dass ich für den vorliegenden Band auf „Corona“ verzichtet habe, trotz der doch eigentlich guten Erfahrung mit diesem Gedicht. Leichtgefallen ist es mir nicht, weil der Verzicht auf Sätze, die für Kinder nicht geeignet sein mögen – zumindest noch nicht –, zugleich Sätze verhindert, die an Reichtum, Reichweite, Tiefe der Gedanken und an Schönheit der Worte kaum zu überbieten sind. Darum ist der Zutritt zwar nicht verboten – natürlich nicht!
Aber wenn zuvor das Lesen von Gedichten mit Begegnungen mit Menschen verglichen worden ist, könnte gelten: Mit manchen sollte man so lange warten, bis man sich näher kennt. Bis man schon etwas vertrauter ist.

Gedichte kennen keine Grenzen:
Sind Schattenseiten drin?

Gedichte bewegen sich an der Grenze. Sie sagen Helles und Dunkles. Sie zeigen auch Schattenseiten. Im vorliegenden Band sind das besonders die Gedichte, die von Gewalt, Krieg, Not erzählen. Und doch gehören diese Seiten – neben den frohen, unbeschwerten, lustigen, die natürlich genauso vertreten sind – zur ganzen Welt dazu. Wie wir wissen: oft gerade diese Seiten. Dann sind Gedichte tatsächlich eine Zumutung. Aber sie sind immer auch Zeugnis davon, dass es die Schattenseiten gibt und dass es Menschen gibt, die sich damit auseinandersetzen. Menschen, die sich nicht abfinden. Es gibt Ungerechtigkeit, Angst, Traurigkeit. Sie gehören zum Leben dazu. Und sie lassen das Glück drum herum gerade in der Abgrenzung umso deutlicher spüren und erfahren.

Wenn es nun den Kummer gibt in der Welt – soll man wegschauen? Soll eine Autorin wie Christine Nöstlinger schweigen? Oder darf sie sich, uns alle und vor allem den, den sie in ihrem Gedicht „Abendgebet" anspricht, wo nicht anklagt, fragen:

> „Herrgott, allmächtiger,
> wie teilst Du das bloß ein?"

Mehr noch: Soll oder muss sie nicht fragen, warum die Welt ist, wie sie ist?

Dass Christine Nöstlinger es vermag, können Sie in diesem Band nachlesen. Und Sie können das Gedicht „Abendgebet" zum Anlass nehmen, um mit Ihren Kindern darüber zu reden, wie sie selbst die Welt sehen und erleben. Es macht nichts, wenn dabei herauskommt, dass Leben traurig sein und machen kann. Im Gegenteil. Oft sind Traurigkeit und Zweifel die einzig angemessene Reaktion auf das, was geschieht, was nicht aus der Welt zu schaffen ist, was unsere Kinder so sehen wie wir, was einem die Sprache verschlägt.

Doch dabei bleibt es nicht. Gedichte sprechen dagegen Bände. Sie sprechen aus, was nicht zu übersehen ist. Ein solcher Blick auf die Welt wappnet. Er macht stark, weil er das Wegschauen nicht nötig hat. Weil er, nicht mit Blindheit geschlagen, über Grenzen hinwegsehen und womöglich über Grenzen hinweggehen kann.

Einfach ausprobieren!

Denn mit Grenzen ist es so eine Sache. Wie Gartenzäune schützen sie zwar, aber sie verhindern zugleich den freien Blick. Der aber ist Kindern zu eigen, manchmal mehr als uns. Sie haben ihn noch nicht verlernt. Sie fragen und hinterfragen alles, was sie sehen: Was macht der da? Gehört das so? Warum ist das so und nicht anders? Die derart unerschrockene Herangehensweise an Welt, die ein hänschenkleines, frohgemutes Hineingehen in die Welt ist, ist das Privileg der Kinder. Wir sollten sie darin unterstützen und uns davon anstecken lassen. Möglichst unbefangen, ohne Grenzen und erst recht ohne Regeln. Die gibt es nämlich nicht, schon gar nicht verbindlich und nicht für alle gleich. Das lässt sich allenfalls ausprobieren.

Dafür bietet der vorliegende Band vielfältige Möglichkeiten. Sie werden Gedichte aus verschiedenen Epochen, zu unterschiedlichen Themen finden, Klassiker der Erwachsenenliteratur stehen neben Gedichten von Kinderbuchautoren und -autorinnen, von berühmten Dichtern und von solchen, die gerade anfangen, sich einen Namen zu machen. Sie können nachlesen, wie Autorinnen und Autoren einander antworten in und mit ihren Gedichten, wenn sich über einzelne Worte rote Fäden durchs Buch ziehen, die von Gedicht zu Gedicht überleiten, und aus einzelnen Motiven womöglich ganze Bilder vor Ihrem inneren Auge entstehen.

In Szene gesetzt:
die Illustrationen von Daniela Kulot

Wie diese Bilder tatsächlich aussehen können, hat Daniela Kulot mit ihren Illustrationen vorgemacht. Eine der vielen Möglichkeiten des Lesens und Verstehens – ihre Sicht der Worte – hat sie farbenfroh, vielseitig und reich an Überraschungen zu Papier gebracht. Dass sie Gedichte in unsere Zeit übersetzt hat, dass sie Sätze gegen den Strich gebürstet und Gedichte gegen ein unmittelbares Verstehen gelesen und dadurch weitererzählt hat, dass sie also ihr ganz Eigenes eingebracht hat, zeigen ihre Illustrationen auf wunderbare Weise. Oder hätten Sie gedacht, dass man die berühmten „Stufen" von Hermann Hesse als kleiner Mann mit wehendem Hut und zielstrebig nach vorne gerichtetem Spazierstock erhüpfen kann? Dass in der Umsetzung eines Gedichtes von Erich Fried aus dem Wort „Gedanke" das Wort „danke" wird? Dass manche Gedichte eine andere Aussage bekommen – und zwar nicht nur durch die Auswahl, Zusammenstellung und Anordnung, dadurch also, dass die Gedichte neu zueinander in Beziehung treten, sondern auch durch die Bilder? Genau das aber findet statt. Und vielleicht geht es Ihnen ja ähnlich: dass Sie durch die Illustrationen von Daniela Kulot die Gedichte mit anderen Augen betrachten und darin etwas lesen, das Sie so bisher noch nicht gesehen haben. Dann können Sie und Ihre Kinder die Gedichte nicht nur weitererzählen, sondern in Gedanken auch weitermalen – lassen Sie sich einfach anstecken!

Vielleicht finden Sie Lieblingsgedichte aus Ihrer eigenen Kindheit oder entdecken neue Lieblingsgedichte. Womöglich bekommen Sie Lust, auch außerhalb dieser subjektiven Auswahl aus wiederentdeckten, neu gefundenen, geschenkten Gedichten noch mehr Gedichte zu suchen, zu lesen, zu finden und sich von ihnen finden zu lassen.

Und: Sie können all das mit Ihren Kindern teilen.

Wer Gedichte mit Kindern liest,
begibt sich auf Entdeckungsreise

Gedichte mit Kindern lesen – und in diesem Fall auch: Gedichte mit Kindern anschauen – heißt, mit ihnen die Welt zu entdecken. Und zwar mit allen Sinnen. Es heißt, konkret, Gedichte vorzulesen oder sich vorlesen zu lassen und darüber zu reden: woran man dabei denkt, ob einem so etwas auch schon einmal passiert ist, ob man mag, was man gerade gelesen hat, welche Assoziationen in den Sinn kommen, welche Bilder man zu den einzelnen Worten und Sätzen hat. Es kann heißen: Seiten zu überblättern, weil das eine Gedichte heute nicht gefällt. Aber vielleicht schon morgen, wenn, wie Bertolt Brecht schreibt, die Zeiten wechseln. Wenn aus Stolpersteinen Wegbegleiter werden können und aus Gedichten Freunde.

Dann lachen Sie zusammen mit Ihren Kindern über einzelne Formulierungen, staunen über Wortschöpfungen, die Sie so noch nicht kannten, freuen sich an ausgesprochen schönen Sätzen – nicht, oder jedenfalls nicht ausschließlich, weil das zu allem anderen dazu die viel thematisierte Sprachentwicklung Ihrer Kinder fördert. Sondern weil es, ganz ohne Sinn und Zweck, einfach Spaß macht.

Und schon sind Sie mittendrin im Lese- und Finde-Glück. Gedichte mit Kindern lesen? Ein Kinderspiel! Die Zutaten: ein Sofa, viel Zeit, wenig Worte, viele Blicke auf umso mehr Welt. Mit Überraschungen, Unverhofftem, Unerfahrenem und Ungeahntem, von dem wir sonst nicht einmal träumen könnten:
„In wenigen Worten die ganze Welt".

Christine Knödler

GEDICHTE SIND DA –

oder:

Die Vögel pflücken die leise Sprache der Seen

Mein weißes Blatt

Mein weißes Blatt
ist voll von Wegen
von rechts nach links
von links nach rechts
läuft es dem Glück entgegen.

Antonie Schneider

Von Glück reden

Man kann von
Glück
reden

Von Regen auf Fenstern
wie Blindenschrift,
Kakao ohne Haut,
vom Wiederfinden,
nicht Verlieren,
warmen Brot und
weichen Fragen,
von Freunden
und
Fischen
und
tanzenden Schatten
im Schnee

Frau Litteks Art,
Likör zu trinken,
Schluck für Schluck

Von Büchereien und
wie es dort riecht,
von leichten Tagen
im Mai oder November,
Löwenherzen,
Pfauenaugen

und

davon

dass man
von Glück
reden kann

Susan Kreller

gedicht von gedichten

1

ein gedicht
das nicht zu begreifen ist
möchte vielleicht betastet sein

ein gedicht
das nicht zu betasten ist
möchte vielleicht betreten sein

ein gedicht
das nicht zu betreten ist
möchte vielleicht betrachtet sein

ein gedicht
das nicht zu betrachten ist
möchte vielleicht begriffen sein

2

gedichte sind da:
zum essen
zum radeln
zum heizen
zum fliegen
zum lachen
zum brüten
zum zahlen
zum stören
zum schwimmen
zum pudern
zum hören
zum kuckuck

3

gedichte sind zu vergleichen:
mit leben
mit rugby
mit fondue
mit cäsar
mit mäusen
mit oslo
mit arbeit
mit bultmann
mit liebe
mit unkraut
mit twist
mit allem
mit nichts

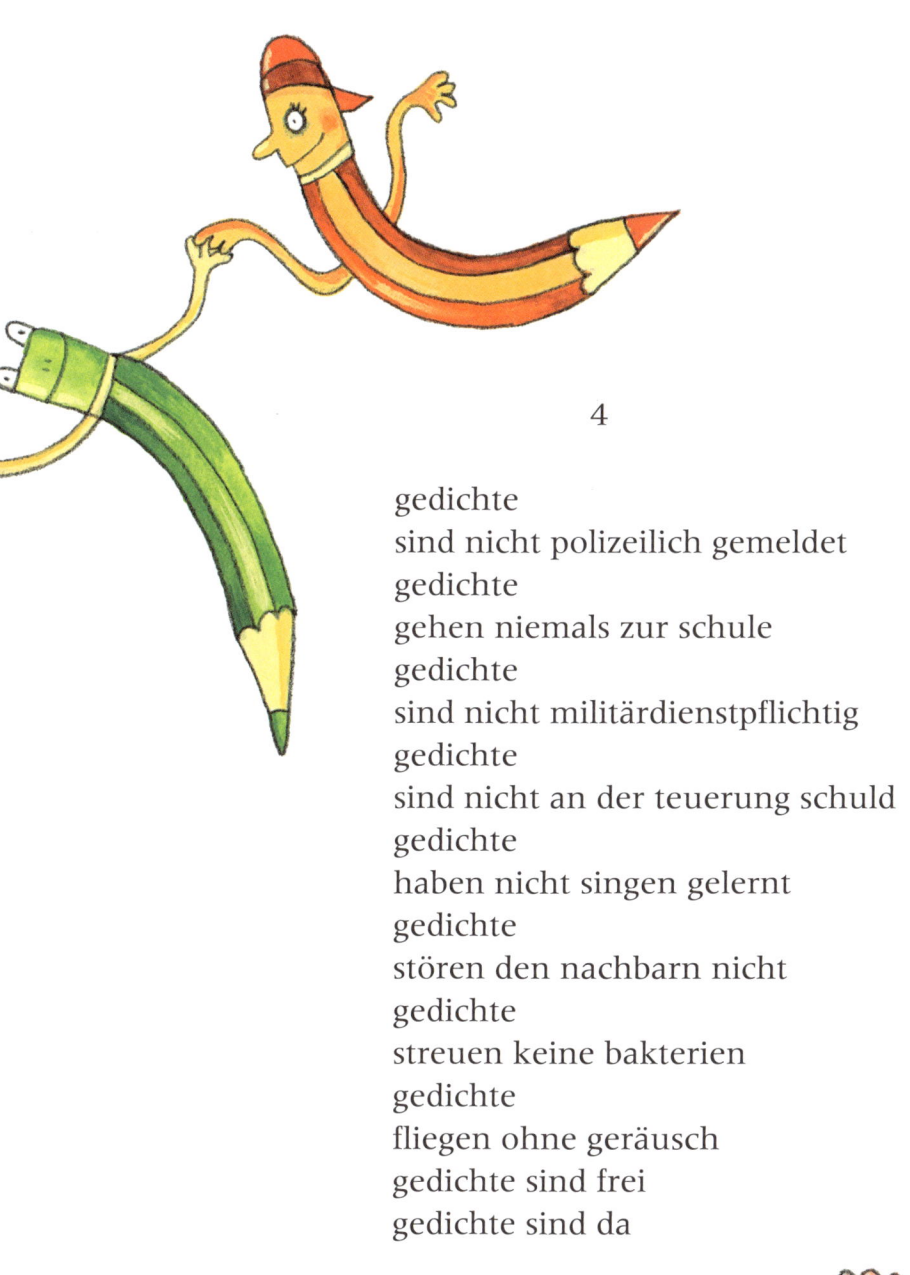

4

gedichte
sind nicht polizeilich gemeldet
gedichte
gehen niemals zur schule
gedichte
sind nicht militärdienstpflichtig
gedichte
sind nicht an der teuerung schuld
gedichte
haben nicht singen gelernt
gedichte
stören den nachbarn nicht
gedichte
streuen keine bakterien
gedichte
fliegen ohne geräusch
gedichte sind frei
gedichte sind da

Kurt Marti

inhalt

um ein gedicht zu machen
habe ich nichts

eine ganze sprache
ein ganzes leben
ein ganzes denken
ein ganzes erinnern

um ein gedicht zu machen
habe ich nichts

ernst jandl

Ich geh durch das Dorf

Ich geh durch das Dorf.
Jeder Ort
ist Mitte der Welt.
Da, dort.

Hier.
Behutsam wandert
ein Kätzlein,
bleibt stehn,
schaut mich an,
legt sich auf die Seite,
zeigt mir,
wo es gekrault sein will.

Du. Du.
Du kleinwinzige
Mitte
der Welt.

Josef Guggenmos

Märkischer Bahnhof

Die Blume,
schattenlos,
welkt am Zaun.
Der gefiederte Zug
fliegt ein.

Die Vögel gießen
über den Bahnhof
Stimmen.
Die Ferienglocke
springt auf Asphalt.

Der Backstein
tönt.
Die Vögel pflücken
die leise Sprache
der Seen.

Wolfgang Trampe

Mit dem drachen
steigt unsere sehnsucht
die winde zu sprechen

Ihnen entgegenzuhalten
eine lange schnur
und einen wunsch

Aber nichts ist schwieriger
als einen wunsch
zum fliegen zu bringen

Philipp Luidl

Windgedicht

Wirf ein Wort
in die Luft, der Wind
trägt es fort

Dann warte
bis der Wind sich dreht
und Antwort bringt

Hubert Schirneck

WAS DU BRAUCHST –

oder:

Ich freu mich, dass am Himmel Wolken ziehen

Wünsche wie Wolken

Mal deine Wünsche in den Himmel.
Wünsche wie Wolken, wie Apfelschimmel.
Wünsche so groß wie ein Riesenrad.
Wünsche so klein wie ein Zinnsoldat.
Für alles ist Platz –
ob Ball oder Spatz,
ob Eisbär oder Marmeladeglas.
Schau in den Himmel
und wünsch dir was!

Gerda Anger-Schmidt

Fee Fee

Sprich zwei drei Zaubersprüche
für ein schweres Portemonnaie
voller Glücksschweingerüche
oder was mir noch lieber ist
für eine gelbe Löwenzahnwiese
die meine barfußen Sohlen küsst
oder besser du beschaffst mir diese
na wie heißen sie schon jene Dinger
im Wald mit den Schirmen am Kragen
kaum höher als mein Zeigefinger
ich kann das Wort grad nicht sagen

Fee Fee
hilf mir beim Suchen und Finden
denn fällt erst der Schnee
und lässt die Pflanzen verschwinden
im dicken Pelz seiner Watte
kann ich weder sehen noch denken
was ich wollte, wünschte und nicht hatte
um es dir zum Geburtstag zu schenken

Bis mir ein Lichtblick wächst, gute Fee Fee,
kriegst du als Vorschuss diesen Vierblätter-
Klee

Adelheid Dahimène

Der Stuhl
Alltag

Ein Stuhl,
allein.
Was braucht er?
Einen Tisch!

Auf dem Tisch
liegen Brot, Käse,
Birnen,
steht ein gefülltes Glas.

Tisch und Stuhl,
was brauchen sie?
Ein Zimmer,
in der Ecke ein Bett,
an der Wand einen Schrank,
dem Schrank gegenüber ein Fenster,
im Fenster einen Baum.

Tisch, Stuhl, Zimmer ...
Was brauchen sie?
Einen Menschen.

Der Mensch sitzt
auf dem Stuhl
am Tisch,
schaut aus dem Fenster
und ist traurig.
Was braucht er?

Hans Manz

was brauchst du

was brauchst du? einen Baum ein Haus zu
ermessen wie groß wie klein das Leben als Mensch
wie groß wie klein wenn du aufblickst zur Krone
dich verlierst in grüner üppiger Schönheit
wie groß wie klein bedenkst du wie kurz
dein Leben vergleichst du es mit dem Leben der Bäume
du brauchst einen Baum du brauchst ein Haus
keines für dich allein nur einen Winkel im Dach
zu sitzen zu denken zu schlafen zu träumen
zu schreiben zu schweigen zu sehen den Freund
die Gestirne das Gras die Blume den Himmel

Friederike Mayröcker

Der Rauch

Das kleine Haus
Unter Bäumen am See.
Vom Dach steigt Rauch.
Fehlte er
Wie trostlos dann wären
Haus, Bäume und See.

Bertolt Brecht

Auf dem ruf
des vogels
liegt tau

Weit glänzt
seine stimme

Ich kehre mit
nassen füßen heim

Unser haus mutter
und dein lächeln
der vogel singt es

Philipp Luidl

Mutterns Hände

Hast uns Stulln jeschnitten
un Kaffe jekocht
   un de Töppe rübajeschohm –
un jewischt und jenäht
un jemacht und jedreht ...
   alles mit deine Hände.

Hast de Milch zujedeckt,
uns Bobongs zujesteckt
   un Zeitungen ausjetragen –
hast die Hemden jezählt
und Kartoffeln jeschält ...
   alles mit deine Hände.

Hast uns manches Mal
bei jroßen Schkandal
    auch 'n Katzenkopp jejeben.
Hast uns hochjebracht.
Wir wahn Sticker acht,
sechse sind noch am Leben ...
    Alles mit deine Hände.

Heiß warn se un kalt.
Nu sind se alt.
    Nu bist du bald am Ende.
Da stehn wa nu hier,
und denn komm wir bei dir
    und streicheln deine Hände.

Kurt Tucholsky

Das Kopftuch meiner Großmutter

Meine Großmutter
hat ein schwarzes Kopftuch.
Darin hat sie einmal
den Wind eingefangen.
Und zwei weiße Eier
und ein Huhn
und eine mittelgroße Kuh.
Ah, ja.
Und dann noch eine Handvoll Regen
und einen kleinen Sturm
und einen Regenwurm,
eine Blaumeise,
eine Riesenameise
und vierundvierzig winzige
Reiskörner.
All das
hat meine Großmutter
in ihrem schwarzen Kopftuch
eingefangen.
Aber weil Sonntag war
und weil die Kirchenglocken
so schön geläutet haben,
hat sie das Kopftuch
im Hof
flattern lassen
wie eine Fahne.
Und da sind sie auf und davon
Und da sind sie auf und davon
geflogen
der Wind
und die zwei weißen Eier

und das Huhn
und die mittelgroße Kuh.
Ah, ja.
Und dann auch die Handvoll Regen
und der kleine Sturm
und der Regenwurm
und die Blaumeise
und die Riesenameise
und alle vierundvierzig winzigen
Reiskörner.

Seit damals
hat meine Großmutter
unter ihrem schwarzen Kopftuch
nur noch ihre weißen, weißen Haare
und das schöne Gesicht
mit den freundlichen Augen
(und natürlich alles sonst,
was zu meiner Großmutter gehört).

Heinz Janisch

Sozusagen grundlos vergnügt

Ich freu mich, dass am Himmel Wolken ziehen
Und dass es regnet, hagelt, friert und schneit.
Ich freu mich auch zur grünen Jahreszeit,
Wenn Heckenrosen und Holunder blühen.
– Dass Amseln flöten und dass Immen summen,
Dass Mücken stechen und dass Brummer brummen.
Dass rote Luftballons ins Blaue steigen.
Dass Spatzen schwatzen. Und dass Fische schweigen.

Ich freu mich, dass der Mond am Himmel steht
Und dass die Sonne täglich neu aufgeht.
Dass Herbst dem Sommer folgt und Lenz dem Winter,
Gefällt mir wohl. Da steckt ein Sinn dahinter,
Wenn auch die Neunmalklugen ihn nicht sehn.
Man kann nicht alles mit dem Kopf verstehn!
Ich freue mich. Das ist des Lebens Sinn.
Ich freue mich vor allem, dass ich bin.

In mir ist alles aufgeräumt und heiter:
Die Diele blitzt. Das Feuer ist geschürt.
An solchem Tag erklettert man die Leiter,
Die von der Erde in den Himmel führt.

Da kann der Mensch, wie es ihm vorgeschrieben,
– Weil er sich selber liebt – den Nächsten lieben.
Ich freue mich, dass ich mich an das Schöne
Und an das Wunder niemals ganz gewöhne.
Dass alles so erstaunlich bleibt, und neu!
Ich freu mich, dass ich ... Dass ich mich freu.

Mascha Kaléko

HAT ALLES SEINE ZEIT –

oder:

Es ist eine schöne Zeit, wenn der Dattelkern keimt!

Hat alles seine Zeit
Das Nahe wird weit
Das Warme wird kalt
Der Junge wird alt
Das Kalte wird warm
Der Reiche wird arm
Der Narre gescheit
Alles zu seiner Zeit

Johann Wolfgang von Goethe

Sekundenzeiger

dass ich als ich
ein und zwei ist
dass ich als ich
drei und vier ist
dass ich als ich
wie viel zeigt sie
dass ich als ich
tickt und tackt sie
dass ich als ich
fünf und sechs ist
dass ich als ich
sieben acht ist
dass ich als ich
wenn sie steht sie
dass ich als ich
wenn sie geht sie
dass ich als ich
neun und zehn ist
dass ich als ich
elf und zwölf ist.

Hans Arp

Stufen

Wie jede Blüte welkt und jede Jugend
Dem Alter weicht, blüht jede Lebensstufe,
Blüht jede Weisheit auch und jede Tugend
Zu ihrer Zeit und darf nicht ewig dauern.
Es muss das Herz bei jedem Lebensrufe
Bereit zum Abschied sein und Neubeginne,
Um sich in Tapferkeit und ohne Trauern
In andre, neue Bindungen zu geben.
Und jedem Anfang wohnt ein Zauber inne,
Der uns beschützt und der uns hilft, zu leben.

Wir sollen heiter Raum um Raum durchschreiten,
An keinem wie an einer Heimat hängen,
Der Weltgeist will nicht fesseln uns und engen,
Er will uns Stuf' um Stufe heben, weiten.
Kaum sind wir heimisch einem Lebenskreise
Und traulich eingewohnt, so droht Erschlaffen;
Nur wer bereit zu Aufbruch ist und Reise,
Mag lähmender Gewöhnung sich entraffen.

Es wird vielleicht auch noch die Todesstunde
Uns neuen Räumen jung entgegensenden,
Des Lebens Ruf an uns wird niemals enden ...
Wohlan denn, Herz, nimm Abschied und gesunde!

Hermann Hesse

Zukunft

Die Zukunft kommt
schon morgen früh?
Kann man die nicht verschieben?
Ich wär so gern
und zwar mit dir
im Heute hier geblieben.

Paul Maar

Mein Kind, wir waren Kinder,
Zwei Kinder, klein und froh;
Wir krochen ins Hühnerhäuschen,
Versteckten uns unter das Stroh.

Wir krähten wie die Hähne,
Und kamen Leute vorbei –
Kikereküh!, sie glaubten,
Es wäre Hahnengeschrei.

Die Kisten auf unserem Hofe,
Die tapezierten wir aus,
Und wohnten drin beisammen
Und machten ein vornehmes Haus.

Des Nachbars alte Katze
Kam öfters zum Besuch;
Wir machten ihr Bückling' und Knixe
Und Komplimente genug.

Wir haben nach ihrem Befinden
Besorglich und freundlich gefragt;
Wir haben seitdem dasselbe
Mancher alten Katze gesagt.

Wir saßen auch oft und sprachen
Vernünftig, wie alte Leut,
Und klagten, wie alles besser
Gewesen zu unserer Zeit;

Wie Lieb und Treu und Glauben
Verschwunden aus der Welt,
Und wie so teuer der Kaffee,
Und wie so rar das Geld! – – –

Vorbei sind die Kinderspiele
Und alles rollt vorbei –
Das Geld und die Welt und die Zeiten,
Und Glauben und Lieb und Treu.

Heinrich Heine

Das Spiel ist aus

Mein lieber Bruder, wann bauen wir uns ein Floß
und fahren den Himmel hinunter?
Mein lieber Bruder, bald ist die Fracht zu groß
und wir gehen unter.

Mein lieber Bruder, wir zeichnen aufs Papier
viele Länder und Schienen.
Gib acht, vor den schwarzen Linien hier
fliegst du hoch mit den Minen.

Mein lieber Bruder, dann will ich an den Pfahl
gebunden sein und schreien.
Doch du reitest schon aus dem Totental
und wir fliehen zu zweien.

Wach im Zigeunerlager und wach im Wüstenzelt,
es rinnt uns der Sand aus den Haaren,
dein und mein Alter und das Alter der Welt
misst man nicht mit den Jahren.

Lass dich von listigen Raben, von klebriger Spinnenhand
und der Feder im Strauch nicht betrügen,
iss und trink auch nicht im Schlaraffenland,
es schäumt Schein in den Pfannen und Krügen.

Nur wer an der goldenen Brücke für die Karfunkelfee
das Wort noch weiß, hat gewonnen.
Ich muss dir sagen, es ist mit dem letzten Schnee
im Garten zerronnen.

Von vielen, vielen Steinen sind unsre Füße so wund.
Einer heilt. Mit dem wollen wir springen,
bis der Kinderkönig, mit dem Schlüssel zu seinem Reich im Mund,
uns holt, und wir werden singen:

Es ist eine schöne Zeit, wenn der Dattelkern keimt!
Jeder, der fällt, hat Flügel!
Roter Fingerhut ist's, der den Armen das Leichentuch säumt,
und dein Herzblatt sinkt auf mein Siegel.

Wir müssen schlafen gehen, Liebster, das Spiel ist aus.
Auf Zehenspitzen. Die weißen Hemden bauschen.
Vater und Mutter sagen, es geistert im Haus,
wenn wir den Atem tauschen.

Ingeborg Bachmann

komm wir spieln das nachsagespiel
komm wir spieln das nachsagespiel
aber *ich* will alles nachsagen
aber *ich* will alles nachsagen
nein falsch
nein falsch
du bist echt blöde
du bist echt blöde
echt
echt
haha ha
haha ha
hehe also nee
hehe also nee
du klingst ja wie ein papagei
du klingst ja wie ein papagei
komm hör jetzt mal auf damit
komm hör jetzt mal auf damit
idiot
idiot
hast du mich eben idiot genannt
hast du mich eben idiot genannt
hör jetzt auf
hör jetzt auf
sonst hau ich dir gleich eine
sonst hau ich dir gleich eine
so
au

arne rautenberg

Capri

Capri im Mondschein so rot
so gelb so verschwunden,
ein Wunder, wenn Regen kommt
wer weiß,
sagte der Krebs.
Kalt ist mir im Gehäuse
so ohne Gesäuse, ohne Gesang
ein Leben lang.
Undine,
wenn sie mir nur erschiene.

Ich denke nicht dran,
ruft diese
von Capri herüber
ins Fischerboot.
Einen Fisch will ich fangen
mit einem Ring und Königin sein
ganz allein.

Antonie Schneider

Der Irre ist gestorben

Im Wartesaal, wenn die Züge
Verspätung hatten,
erzählte er Märchen aus Tausend-
undeiner Nacht.

Er verstand es nie,
richtig zu grüßen. Auf Guten Tag
sagte er immer: Vielleicht.

Man weiß: er zog seinen Hut
vor den Hunden.
Seine Königskrone aus Zeitungspapier
trugen die Kinder nach Hause.

Der Fünfzeiler im Ortsteil der Zeitung
schloss mit den Worten: Es war
seine letzte Nacht,
als er im Park auf den Baum stieg.

Gerüchte gehen, er habe vergessen
sich festzuhalten,
als er den Friedensappell
an die Welt sprach.

Günter Bruno Fuchs

Ich bin so

Ich bin so
so traurig,
dass mir der Kopf
fast vom Hals fällt,
dass das Dach
vom Haus fällt,
dass das Haus fällt.

Habe Füße wie
wie in viel zu großen Schuhn,
Hände wie
wie in viel zu großen Handschuhn.

Versteh nicht, was da
was gelacht wird ringsherum.
Ich bin so
wie ein Hund,
so traurig
wie ein Huhn,
ein gelbes Suppenhuhn,
ein altes Weißbrot,
ein Kuchen, der nicht aufgeht,
nie mehr auf.

Ich bin so
so traurig,
dass die Tränen nur so
an mir herunterlaufen,
immer nur so herunter,
dass das Hemd nass, die Hose nass,
das Haus nass.

Denn das hört
denn das hört nie mehr auf,
dass der Kopf mir fast vom Hals,
dass das Dach fällt,
dass das Haus.

Jürg Schubiger

direkt

der junge
mit dem roten halstuch
blieb mitten auf
dem marktplatz stehen

er war vier jahre alt
er legte die hände
um seinen mund
und rief

alle stehen bleiben
in ihren häusern

er rief es viermal
niemand blieb stehen
und die häuser
bewegten sich
regungslos
durch die stille
auf ihn zu

Zoran Drvenkar

Kindersand

Das Schönste für Kinder ist Sand.
Ihn gibt's immer reichlich.
Er rinnt unvergleichlich
Zärtlich durch die Hand.

Weil man seine Nase behält,
Wenn man auf ihn fällt,
Ist er so weich.
Kinderfinger fühlen,
Wenn sie in ihm wühlen,
Nichts und das Himmelreich.

Denn kein Kind lacht
Über gemahlene Macht.

Joachim Ringelnatz

UNSEREINS –

oder:

Gesetzt den Fall, ihr habt ein Schaf gekränkt

Kaffeeklatsch

Frau Müller, Frau Meier, Frau Schulze, Frau Schmidt,
Die saßen zusammen beim Kaffee zu dritt.
Die Vierte war nämlich zu Hause,
Sie hatte Kaffeeklatschpause.
Die anderen aber berieten zu zwein,
Wer von den vieren die Dritte sollt sein,
Und kamen in hitzigem Rate
Zu keinerlei Schlussresultate.

Kurt Schwitters

das läuten

jetzt wird es bald läuten, was bedeutet,
dass jemand hereinwill. ich weiß auch wer.
ich weiß auch warum. darum soll jetzt
noch rasch ein gedicht entstehen.
das müsste eigentlich heißen: das läuten –
es heißt aber: das bersten

ernst jandl

das bersten

das bersten soll zumeist
einen gewaltigen lärm hervorrufen.
ich habe es nicht oft gehört,
und vielleicht überhaupt noch nicht.
darum sollte ich darüber
vielleicht auch kein gedicht schreiben,
sondern lieber über das wohlbekannte
läuten.

ernst jandl

Arme Tante Adelheid

Zur Mittagszeit durch Lüdenscheid
spazierte Tante Adelheid
in ihrem neuen Rüschenkleid.
Die Tante Adelheid ist breit.
Das Rüschenkleid war nicht so weit,
das Rüschenkleid war eng.
Peng!

Karlhans Frank

Die alten Tanten

Die erste alte Tante sprach:
Wir müssen nun auch dran denken,
Was wir zu ihrem Namenstag
Dem guten Sophiechen schenken.

Drauf sprach die zweite Tante kühn:
Ich schlage vor, wir entscheiden
Uns für ein Kleid in Erbsengrün,
Das mag Sophiechen nicht leiden.

Der dritten Tante war das recht:
Ja, sprach sie, mit gelben Ranken!
Ich weiß, sie ärgert sich nicht schlecht
Und muss sich auch noch bedanken.

Wilhelm Busch

Ein sehr kurzes Märchen

Hänsel und Knödel,
die gingen in den Wald.
Nach längerem Getrödel
rief Hänsel plötzlich: „Halt!"

Ihr alle kennt die Fabel,
des Schicksals dunklen Lauf:
Der Hänsel nahm die Gabel
und aß den Knödel auf.

Michael Ende

Die Sache mit den Klößen

Der Peter war ein Renommist.
Ihr wisst vielleicht nicht, was das ist?
Ein Renommist, das ist ein Mann,
der viel verspricht und wenig kann.

Wer fragte: „Wie weit springst du, Peter?",
bekam zur Antwort: „Sieben Meter."
In Wirklichkeit – Kurt hat's gesehn –
sprang Peter bloß drei Meter zehn.

So war es immer: Peter log,
dass sich der stärkste Balken bog.
Und was das Schlimmste daran war:
Er glaubte seine Lügen gar!

Als man einmal vom Essen sprach,
da dachte Peter lange nach.
Dann sagte er mit stiller Größe:
„Ich esse manchmal dreißig Klöße."

Die andern Kinder lachten sehr.
Doch Peter sprach: „Wenn nicht noch mehr!"
„Nun gut", rief Kurt, „wir wollen wetten."
(Wenn sie das bloß gelassen hätten.)

Der Preis bestand, besprachen sie,
in einer Taschenbatterie.
Die Köchin von Kurts Eltern kochte
die Klöße, wenn sie's auch nicht mochte.

Kurts Eltern waren ausgegangen.
So wurde schließlich angefangen.
Vom ersten bis zum fünften Kloß,
da war noch nichts Besondres los.

Die andern Kinder saßen stumm
um Peter und die Klöße rum.
Beim siebenten und achten Stück
bemerkte Kurt: „Er wird schon dick."

Beim zehnten Kloß ward Peter weiß
und dachte: Kurt erhält den Preis.
Ihm war ganz schlecht, doch tat er heiter
und aß, als ob's ihm schmeckte, weiter.

Er schob die Klöße in den Mund
und wurde langsam kugelrund.
Der Anzug wurde furchtbar knapp.
Die Knöpfe sprangen alle ab.

Die Augen quollen aus dem Kopf.
Doch griff er tapfer in den Topf.
Nach fünfzehn Klößen endlich sank
er stöhnend von der Küchenbank.

Die Köchin Hildegard erschrak,
als er so still am Boden lag.
Dann fing er grässlich an zu husten,
dass sie den Doktor holen mussten.

„Um Gottes willen", rief er aus,
„der Junge muss ins Krankenhaus."
Vier Klöße steckten noch im Schlund.
Das war natürlich ungesund.

Mit Schmerzen und für teures Geld
ward Peter wieder hergestellt.
Das Renommieren hat zuzeiten
auch seine großen Schattenseiten.

Erich Kästner

Der Angeber

MAX
kann seinen Namen in den Schnee pinkeln.

ALEXANDER
nicht.

Erwin Grosche

Gesetzt den Fall ...

Gesetzt den Fall, ihr habt ein Schaf gekränkt –
(„Gesetzt den Fall" heißt „Nehmen wir mal an") –,
gesetzt den Fall, es hat den Kopf gesenkt
und ist euch böse, ja, was dann?

Dann solltet ihr dem Schaf was Liebes sagen,
ihr könnt ihm auch dabei den Rücken streicheln,
ihr dürft nicht „Na? Warum so sauer?" fragen,
ihr müsst dem Schaf mit Freundlichkeiten schmeicheln.

Sagt mir jetzt nicht: „Ich wohn' doch in der Stadt,
wo soll ich da um Himmels willen Schafe kränken?"
Ich gebe zu, dass das was für sich hat,
doch bitte ich euch trotzdem zu bedenken:

Ein gutes Wort ist nie verschenkt,
nicht nur bei Schafen, sondern überall.
Auch trefft ihr Schafe öfter, als ihr denkt.
Nicht nur auf Wiesen. Und nicht nur im Stall.

(Na wo denn noch?)

Robert Gernhardt

Schularbeiten

Der Fortschritt
hat keene Lust, sich
zu kümmern um
mir. Und wat mir anjeht, habick
keene Lust, mir
um den Fortschritt
zu kümmern. Denn
unsereins
war ja
als Mensch
wohl zuerst da.

So, mein Kind, das
schreibste
in dein Schulheft
rein.

Günter Bruno Fuchs

Die Löwenbändigerin

Löwenzahnsamen blies der junge Wind
Ins Haar der alten Lehrerin.
Erschrocken über seine eigene Keckheit spricht er:
„Ich bitte vielmals um Entschuldigung!"
„Das macht nichts", lächelt sie.
„Ich hab so viele
Löwen gebändigt, dass ich ihre Zähne
Nun nicht mehr fürchte!"

James Krüss

Im Käfig

Hinter den dicken Stäben meiner Ideale
lauf ich von einer Wand zur andern Wand.
Da draußen gehen Kindermädchen, Generale,
Frau Lederhändlerswitwe mit dem Herrn Amant ...

Manchmal sieht einer her. Mit leeren Blicken:
Ah so! ein Tiger – ja, das arme Tier ...
Dann sprechen sie von „Tantchen auch was schicken
in Pergamentpapier".

Ich möcht so gern hinaus. Ich streck und dehn mich –
die haben's gut, mit ihrer großen Zeit!
Sie sind gewiss nicht rein, und doch: ich sehn mich
nach der Gemeinsamkeit.

Der Tiger gähnt. Er käm so gern geloffen ...
Doch seines Käfigs Stäbe halten dicht.
Und ließ der Wärter selbst die Türe offen:
Man geht ja nicht.

Kurt Tucholsky

FRISCHGEFISCHTES –

oder:

**Das Meer ist weit, das Meer ist blau,
im Wasser schwimmt ein Kabeljau**

Der Panther
Im Jardin des Plantes, Paris

Sein Blick ist vom Vorübergehn der Stäbe
so müd geworden, dass er nichts mehr hält.
Ihm ist, als ob es tausend Stäbe gäbe
und hinter tausend Stäben keine Welt.

Der weiche Gang geschmeidig starker Schritte,
der sich im allerkleinsten Kreise dreht,
ist wie ein Tanz von Kraft um eine Mitte,
in der betäubt ein großer Wille steht.

Nur manchmal schiebt der Vorhang der Pupille
sich lautlos auf –. Dann geht ein Bild hinein,
geht durch der Glieder angespannte Stille –
und hört im Herzen auf zu sein.

Rainer Maria Rilke

Ich bin ein TIGER

Ich bin ein Tiger,
ein ganz ein Wich-Tiger.
  Ich renne durch das ganze Land,
  die Aktentasche in der Hand,
  das Handy stets am rechten Ohr.
  Ich komm mir ja so wichtig vor.
    Ich bin ein Tiger,
    ein ganz ein Wich-Tiger.

Ich bin ein Tiger,
ein ganz ein Präch-Tiger.
  Ich habe blondes Zottelhaar
  und schöne Schühchen – hundert Paar.
  Ich liebe goldbestickte Kleider,
  beschäft'ge 113 Schneider.
    Ich bin ein Tiger,
    ein ganz ein Präch-Tiger.

Ich bin ein Tiger,
ein ganz ein Kräf-Tiger.
  Ich stemme jede Art Gewicht –
  ob Riese, Nilpferd oder Wicht.
  Ich schleppe Türme, faule Krähen,
  und ich bin nicht zu übersehen.
    Ich bin ein Tiger,
    ein ganz ein Kräf-Tiger.

Ich bin ein Tiger,
ein ganz ein Saf-Tiger.
  Ich schlürfe Badeseen und Teiche,
  trink aus dem Bach unter der Eiche.

Ich gurgle auch mit Apfelsaft,
das gibt den Muskeln neue Kraft.
Ich bin ein Tiger,
ein ganz ein Saf-Tiger.

Ich bin ein Tiger,
ein ganz ein Mu-Tiger.
Mich schrecken weder Nachtgespenster
noch Monster vor dem Küchenfenster.
Ich fürcht mich nicht vor Teufelskrallen,
auch nicht vor Tests, wenn sie entfallen.
Ich bin ein Tiger,
ein ganz ein Mu-Tiger.

Gerda Anger-Schmidt

Die kleine freche Maus

Es war einmal eine kleine freche Maus,
die traute sich allerlei.
Die stellte einem Elefanten ein Bein.
Der schlug gleich einen Purzelbaum,
Einen Purzelbaum und noch zwei hinterdrein,
macht zusammen drei.

Und als der Elefant dann rief:
„Wer war das? Wer traute sich?",
rief die kleine freche Maus:
„Dicker, das war ich!"

Solche Sachen,
man glaubt es kaum,
trieb die kleine Maus
– im Traum.

Josef Guggenmos

Es fing ein Knab ein Vögelein.
Hm! Hm!
Da lacht er in den Käfig 'nein
Hm! Hm!
So! So!
Hm! Hm!
Der freut sich traun so läppisch
Hm! Hm!
Und griff hinein so täppisch,
Hm! Hm!
So! So!
Hm! Hm!
Da flog das Meislein auf ein Haus
Hm! Hm!
Und lacht den dummen Buben aus
Hm! Hm!
So! So!
Hm! Hm!

Johann Wolfgang von Goethe

Herr Schneck
(mit seinem Versteck)
kommt so rasch,
dass es braust,
um die Ecke gesaust.
Da schreit er laut:
Halt!!!
Fast
wären wir
zusammengeknallt!
Herr!!!
Sehen Sie nicht,
dass ich
die Vorkriech habe?
Sie sind vielleicht
ein Unglücksrabe!
Beinahe hätte es
einen Unfall gegeben,
mir verdanken Sie,
dass Sie
noch leben!
Sie haben wohl
keinen Kriecherschein?

Nein!,
brummt der Stein.

Max Kruse

Frischgefischtes

Dem alten Wels sind seine Barten
wieder viel zu lang geraten.
Darum geht er heut um vier
zum Barbier.

*

Welche Fische langer Sorte
lieben wohl die nassen Orte?
Wer mag es lieber nass als trocken?
Sind das nicht die Schillerlocken?

*

Das Sehpferdchen sieht nur Geflimmer,
weshalb es eine Brille braucht.
Mit dem Hörpferdchen steht's schlimmer,
da es im Hörrohr Tabak raucht.

*

Schon wieder alles ganz kaputt,
flennt der Butt,
denn der sucht, im Gegenteil,
sein Heil.

Mathias Jeschke

Der Kabeljau

Das Meer ist weit, das Meer ist blau,
im Wasser schwimmt ein Kabeljau.
Da kömmt ein Hai von ungefähr,
ich glaub von links, ich weiß nicht mehr,
verschluckt den Fisch mit Haut und Haar,
das ist zwar traurig, aber wahr. –
Das Meer ist weit, das Meer ist blau,
im Wasser schwimmt kein Kabeljau.

Heinz Erhardt

Der Wind zieht seine Hosen an,
Die weißen Wasserhosen!
Er peitscht die Wellen, so stark er kann,
Die heulen und brausen und tosen.

Aus dunkler Höh, mit wilder Macht,
Die Regengüsse träufen;
Es ist, als wollt die alte Nacht
Das alte Meer ersäufen.

An den Mastbaum klammert die Möwe sich
Mit heiserem Schrillen und Schreien;
Sie flattert und will gar ängstiglich
Ein Unglück prophezeien.

Heinrich Heine

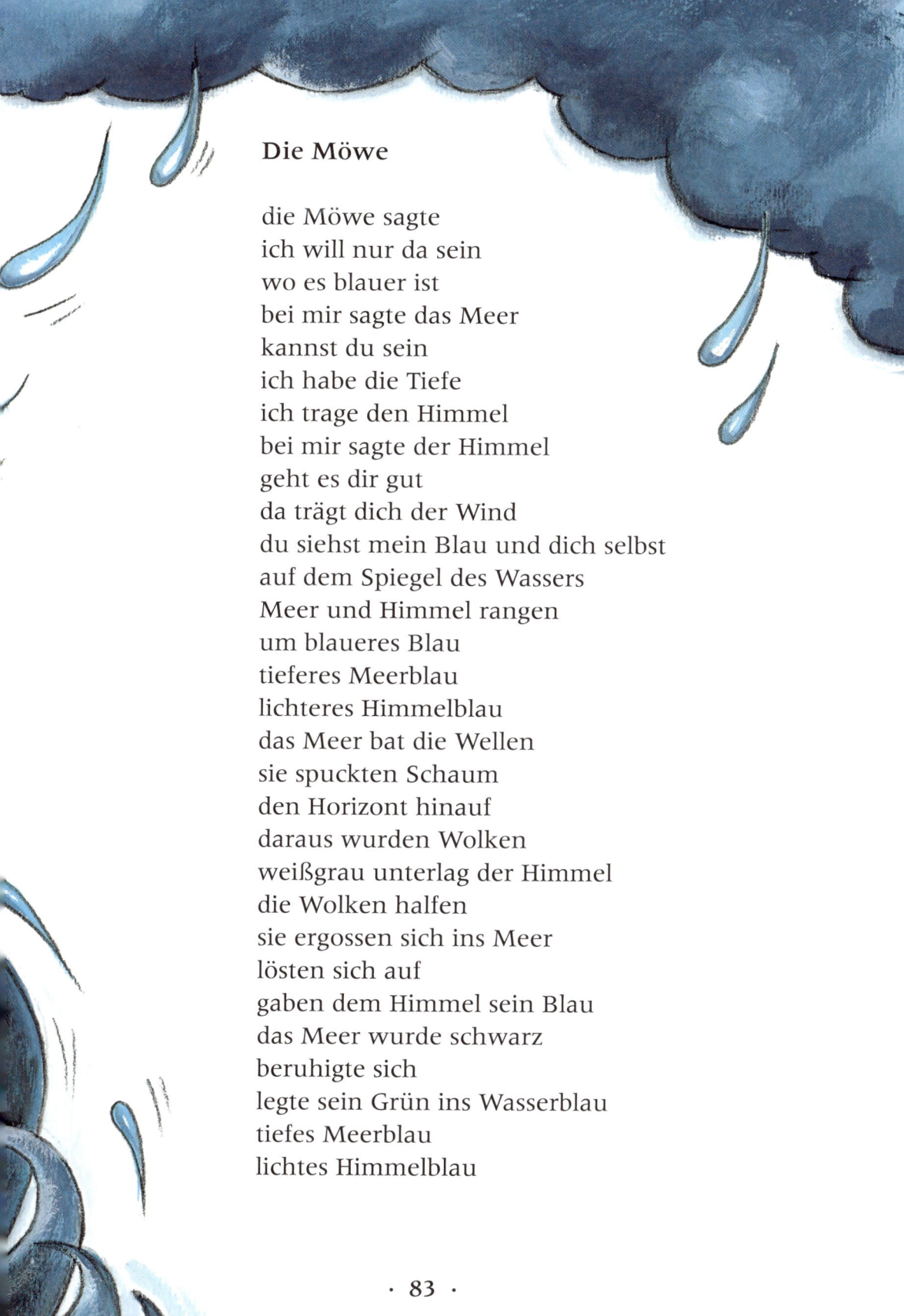

Die Möwe

die Möwe sagte
ich will nur da sein
wo es blauer ist
bei mir sagte das Meer
kannst du sein
ich habe die Tiefe
ich trage den Himmel
bei mir sagte der Himmel
geht es dir gut
da trägt dich der Wind
du siehst mein Blau und dich selbst
auf dem Spiegel des Wassers
Meer und Himmel rangen
um blaueres Blau
tieferes Meerblau
lichteres Himmelblau
das Meer bat die Wellen
sie spuckten Schaum
den Horizont hinauf
daraus wurden Wolken
weißgrau unterlag der Himmel
die Wolken halfen
sie ergossen sich ins Meer
lösten sich auf
gaben dem Himmel sein Blau
das Meer wurde schwarz
beruhigte sich
legte sein Grün ins Wasserblau
tiefes Meerblau
lichtes Himmelblau

die Möwe saß am Strand
ließ sich nicht tragen
vom Meer
kreiste nicht am Himmel
sie saß im gelben Sand
und sann nach einer List
das Schauspiel von Neuem zu beginnen

Anja Tuckermann

Das gute Schwein

Da war ein Schwein, das dachte sich:
Man braucht mich nicht, man mag mich nicht,
das muss sich schleunigst ändern.
Ich gehe auf der Stelle fort,
liebt man mich nicht an diesem Ort,
dann vielleicht in andern Ländern.

Das Schwein traf einen Ziegenbock,
der ging an einem Humpelstock.
„Warum denn? Darf man fragen?"
„Ach", sprach der Bock, „mein Fuß tut weh,
mir fiel ein Stein auf meinen Zeh."
„Dann will ich dich gern tragen."

So trug das Schwein den Bock durchs Land,
die Katze rief vom Straßenrand:
„Ach helft mir, es ist wichtig!
Ich kann nicht laufen, nehmt mich mit –
geht es zu zweit, geht's auch zu dritt."
„Das", sprach das Schwein, „ist richtig."

Die drei, die blieben nicht zu dritt,
die lahme Ente kam noch mit.
Nun langt's dem Schwein allmählich.
Doch alle riefen: „Jammer nicht,
wir brauchen dich, wir lieben dich!"
Da war das Schwein sehr fröhlich.

Robert Gernhardt

Die drei Fische

Drei Fische
saßen in Hawaii
auf rosaroten Stühlen.
Sie wollten sich im Meereswind
die zarten Flossen kühlen.
Sie aßen viel Zitroneneis
und schnarchten um die Wette
am schönen Strande von Hawaii
und gingen spät zu Bette.

Antonie Schneider

DANN UND WANN UND IRGENDWO –

oder:

... und weitet unsre Gedanken

Der Reisepudel Archibald

Der Reisepudel Archibald,
der lebte in Paris,
bis er an einem Donnerstag
die schöne Stadt verließ.

Er fuhr in einem Auto,
das war ein altes Dings.
Und wenn ich mich nicht irre,
dann saß der Pudel links.

Er puffte erst am Rhein entlang,
an Burgen, hoch und fern;
doch endlich kam er, Gott sei Dank,
zur Schweizer Hauptstadt Bern.

Dort gibt es hohe Berge
und Gassen, eng und klein,
und wenn ich mich nicht irre,
auch Schweizer Käs und Wein.

Nun ging es nach Italien
zur alten Hauptstadt Rom,
die Trümmer und Spaghetti hat
und auch den Petersdom.

Dort konnte unser Pudel
römische Brunnen sehn,
die, wenn ich mich nicht irre,
auf vielen Plätzen stehn.

Der Pudel nahm auch Spanien
auf seiner Reise mit.
Dort blühten die Geranien.
Die Hauptstadt heißt Madrid.

Man singt dort vor Balkonen.
Man kämpft dort mit dem Stier.
Doch wenn ich mich nicht irre,
schätzt das kein Pudeltier.

Nun ging die Fahrt nach Griechenland
zur schönen Stadt Athen.
Er konnte die Akropolis
schon aus der Ferne sehn.

Athen hat Säulentempel
und alte Trümmer und –
sofern ich mich nicht irre –
auch manchen hübschen Hund.

Voll Bildung fuhr der Pudel ab
mit seinem alten Opel
und kam nach einer langen Fahrt
zur Stadt Konstantinopel.

Da gab es viele Türken,
Kaffee und einen Fluss,
und wenn ich mich nicht irre,
dann heißt er Bosporus.

In Russland ging die Fahrt sodann
nach Moskau in den Kreml.

Dort aß der Pudel Archibald
nur Kaviar auf Semmel.

Er kaufte sich ein Halsband
und zwei Pfund Russisch Brot,
und wenn ich mich nicht irre,
dann war das Halsband rot.

Als Archibald durch Polen fuhr,
da sah er schöne Trachten
und Mädchen in den Dörfern, die
ihm schöne Augen machten.

Er sah die Hauptstadt Warschau,
trank Wodka für den Durst
und aß, wenn ich nicht irre,
aus Krakau eine Wurst.

Nun fuhr der Hund ins Ungarland
zur Hauptstadt Budapest.
Dort gaben die Zigeuner grad
ein ungeheures Fest.

Da sprach er: „Die Zigeuner,
die geigen gar nicht schlecht."
Und wenn ich mich nicht irre,
dann hat der Pudel recht.

Von Ungarn reiste Archibald
zur Tschechoslowakei.
Er fuhr nach Prag, der Goldnen Stadt,
da kam viel Volk herbei.

Im Hradschin auf dem Berge
gab man ihm ein Bankett.
Und wenn ich mich nicht irre,
speist man dort ziemlich fett.

In Öst'reich kam der Archibald
zur schönen Hauptstadt Wien.
Dort sah er auf dem Donaufluss
die Donaudampfer ziehn.

Er sah dort auch den Prater
mit seinem Riesenrad,
das er, wenn ich nicht irre,
sogar bestiegen hat.

Er reiste nun nach Dänemark,
und als er nach fünf Tagen
zur Hauptstadt Kopenhagen kam,
da knurrte ihm der Magen.

Hier gab es Backsteinhäuser
und eine Seejungfrau,
doch auch, wenn ich nicht irre,
gekochten Kabeljau.

In Holland sah er Amsterdam.
Dort gab es wenig Hunde.
Doch dafür traf der Pudel dort
das Fräulein Pudelgunde.

Sie hüpfte in sein Auto,
als hätte sie's geübt.

Und wenn ich mich nicht irre,
war Archibald verliebt.

Er fuhr mit ihr ans Meer hinaus.
Dort trat er auf die Bremse,
denn eine Fähre brachte sie
nach London an der Themse.

Die Stadt hat sehr viel Nebel
und Englisch Tuch und Gin.
Und, wenn ich mich nicht irre,
auch eine Königin.

Heut wohnt der Pudel Archibald
wie früher in Paris.
Er lebt mit Pudelgundelchen
grad wie im Paradies.

Er fährt sie mit dem Auto
zuweilen sonntags aus.
Und hat, wenn ich nicht irre,
zehn Pudelchen zu Haus.

James Krüss

Der römische Brunnen

Aufsteigt der Strahl und fallend gießt
Er voll der Marmorschale Rund,
Die, sich verschleiernd, überfließt
In einer zweiten Schale Grund;
Die zweite gibt, sie wird zu reich,
Der dritten wallend ihre Flut,
Und jede nimmt und gibt zugleich
      Und strömt und ruht.

Conrad Ferdinand Meyer

Dann und wann und irgendwo

Anton
wollte gern verreisen
an einen stillen Ort.
Leben ist Reisen,
das will was heißen,
sagte er und ging fort.
Sein Ziel war der Nil
und dann
irgendwann, irgendwo
war er froh
am Po und am Popokatepetel
fuhr er auf einem Roller
immer toller,
doch am Ende
schwamm er auf eine Insel
und malte
mit seinem Wörterpinsel
auf alle Bäume
Träume
Träume
nichts als Träume.

Antonie Schneider

Arm Kräutchen

Ein Sauerampfer auf dem Damm
Stand zwischen Bahngeleisen,
Machte vor jedem D-Zug stramm,
Sah viele Menschen reisen

Und stand verstaubt und schluckte Qualm
Schwindsüchtig und verloren,
Ein armes Kraut, ein schwacher Halm,
Mit Augen, Herz und Ohren.

Sah Züge schwinden, Züge nahn.
Der arme Sauerampfer
Sah Eisenbahn um Eisenbahn,
Sah niemals einen Dampfer.

Joachim Ringelnatz

Kinderlied

Kommt seht, da hab ich
ein Pferdchen gezeichnet,
es ist so schön blau,
wie ich Pferde lieb,
und weil ich mag,
dass Pferde auch singen,
ist sein Kopf
eine blaue Nachtigall.

Mein Pferdchen braucht
weder Wagen noch Schlitten,
es trägt einen Buckel,
der ist ein Haus,
und wer mich bittet,
dem zeichne ich gern
mit blauem Stift
seine Wünsche hinein.

Jetzt kommt, wir reiten
ins Blaue mit ihm,
bis zum Ozean und
natürlich zurück –
die Reise beginnt, ich
pinsle ja schon
den fernen Ozean her.

Franz Hodjak

Das Meer geht heute bis an meine Zehen

Das Meer geht heute bis an meine Zehen,
Wie Salz schmeckt dieser Sommer und wie Sand.
Ich steh am Rand von einem kleinen Land,
Und keinen Schritt mehr kann ich weiter gehen.

Der Himmel, lebensmüde, stürzt ins Meer hinein,
Wo schon wie Wasserleichen Wolken schweben.
Ich aber, unverschuldet, immer noch am Leben,
Kann einzig über diese Grenze schrein.

Ich steh und schrei, wie wenn im Sturm ein Mann
Ein Streichholz zündet, schützend mit der Hand.
Applaus! Die Wellen klatschen auf den Sand.
Der Sturm kann lauter rufen, als ich's kann.

Das Meer hat nichts gehört (das ist schon klar),
Doch meine Stimme blieb nicht, wie sie war.

Hans-Eckardt Wenzel

Der Sehmann

Der schönste Beruf
ist der eines Sehmannes
eines Mannes der in das Sehen
unsterblich verliebt ist.
Der Beruf eines Seemannes
also eines Mannes der in See sticht
der Beruf eines Seefahrers
ist auch nicht schlecht
aber kann dem des Sehmannes
nicht das Wasser reichen.
Der Sehmann sticht mit seinen Blicken
nicht nur in das Wasser
sondern auch in das Feuer in die Erde in die Luft.
Der Sehmann sticht Blicke
sticht Sternenküsse in den Himmel.
Tag und Nacht
küssen seine Augen die Traumtiefen.
Nicht einmal von den Märchenkapitäninnen
die in ihren Märchenschiffen
Lichtanker Lichtblicke Lichtpunkte
Hoffnungsstrahlen
mit sich führen
lässt er sich beirren.

Hans Arp

Segelschiffe

Sie haben das mächtige Meer unterm Bauch
Und über sich Wolken und Sterne.
Sie lassen sich fahren vom himmlischen Hauch
Mit Herrenblick in die Ferne.

Sie schaukeln kokett in des Schicksals Hand
Wie trunkene Schmetterlinge.
Aber sie tragen von Land zu Land
Fürsorglich wertvolle Dinge.

Wie das im Winde liegt und sich wiegt,
Tauwebüberspannt durch die Wogen,
Da ist eine Kunst, die friedlich siegt,
Und ihr Fleiß ist nicht verlogen.

Es rauscht wie Freiheit. Es riecht wie Welt. –
Natur gewordene Planken
Sind Segelschiffe. – Ihr Anblick erhellt
Und weitet unsre Gedanken.

Joachim Ringelnatz

Die Geschichte vom fliegenden Robert

Wenn der Regen niederbraust,
Wenn der Sturm das Feld durchsaust,
Bleiben Mädchen oder Buben
Hübsch daheim in ihren Stuben. –
Robert aber dachte: Nein!
Das muss draußen herrlich sein!
Und im Felde patschet er
Mit dem Regenschirm umher.

Hui, wie pfeift der Sturm und keucht,
Dass der Baum sich niederbeugt!
Seht!, den Schirm erfasst der Wind,
Und der Robert fliegt geschwind
Durch die Luft so hoch, so weit;
Niemand hört ihn, wenn er schreit.
An die Wolken stößt er schon
Und der Hut fliegt auch davon.

Schirm und Robert fliegen dort
Durch die Wolken immerfort.
Und der Hut fliegt weit voran,
Stößt zuletzt am Himmel an.
Wo der Wind sie hingetragen,
Ja, das weiß kein Mensch zu sagen.

Heinrich Hoffmann

Der Fliegende Robert

Eskapismus, ruft ihr mir zu,
vorwurfsvoll.
Was denn sonst, antworte ich,
bei diesem Sauwetter! –,
spanne den Regenschirm auf
und erhebe mich in die Lüfte.
Von euch aus gesehen,
werde ich immer kleiner und kleiner,
bis ich verschwunden bin.
Ich hinterlasse nichts weiter
als eine Legende,
mit der ihr Neidhammel,
wenn es draußen stürmt,
euern Kindern in den Ohren liegt,
damit sie euch nicht davonfliegen.

Hans Magnus Enzensberger

Gegen den Wind

Wer gegen den Wind
durch die Gegend geht,
dass der Sturm allen Ärger
aus ihm weht,

kehrt aus dem Gezerr
und Gebrüll und Gebraus
leichter und freier und froher
nach Haus.

Josef Guggenmos

Im Regen gehen

Im Regen gehen.
Im Regen gehen und singen.
Im Regen gehen und singen vom im Regen Gehen.
Im Regen gehen und singen vom im Regen Gehen und Singen.

Hans Manz

Nur eine Rose als Stütze

Ich richte mir ein Zimmer ein in der Luft
unter den Akrobaten und Vögeln:
mein Bett auf dem Trapez des Gefühls
wie ein Nest im Wind
auf der äußersten Spitze des Zweigs.

Ich kaufe mir eine Decke aus der zartesten Wolle
der sanftgescheitelten Schafe die
im Mondlicht
wie schimmernde Wolken
über die feste Erde ziehn.

Ich schließe die Augen und hülle mich ein
in das Vlies der verläßlichen Tiere.
Ich will den Sand unter den kleinen Hufen spüren
und das Klicken des Riegels hören,
der die Stalltür am Abend schließt.

Aber ich liege in Vogelfedern, hoch ins Leere gewiegt.
Mir schwindelt. Ich schlafe nicht ein.
Meine Hand
greift nach einem Halt und findet
nur eine Rose als Stütze.

Hilde Domin

MONDNACHT UND NEUER TAG –

oder:

Wo Träume noch in Nussschalen gehn

Wiegenlied für Stefan

Wo Träume noch in Nussschalen gehn,
wo hinter Fenstern Zauberer stehn –

eine Wiege blau eine Wiege rot,
Schaukelwolke Binsenboot –

kann auf den Sternen um die Sterne reisen,
kann mit dem Schlaf den Zwergenschlaf beweisen –

geht in Träumen um als wär kein Tag,
wo ist die Welt so rund noch – sag?

Peter Härtling

Schlafwagenschlaflied

Das Bett saust auf dem Gleise.
Wir legen uns zur Reise.

    Wir schlafen um die Kurve ...
    Kurkurve Kurkurve
    urur urur ururve
    ve ve ve
    v v v

Der Wärter schließt die Schranken.
Wir danken, danken, danken!

    Wir schlafen durch den Tunnel ...
    Tuntunnel Tuntunnel
    unun unun ununnel
    nel nel nel
    n n n

Ein Bett auf Eisenrädern!
Ein Bett mit Eisenfedern!

    Wenn Großmutter das wüßte ...
    wüßwüßte wüßwüßte
    üßüß üßüß üßüßte
    ste ste ste
    t t t

Reiner Kunze

Abendlied

Mond
Baum
Abendruh
Mond
Traum
Augen zu
Mond
Wolke
Silberlicht
Mond
Mond
Rede nicht

Max Kruse

Neuer Tag

Auferstanden vom Schlaf
gesättigt vom Traum
sind wir da
und fordern den Tag.

Schöneres kann uns nicht blühn
als der Baum vor dem Hause
des Nachbarn.
Begabter können die Sinne nicht sein
als wahrzunehmen
was uns gebührt.

Elisabeth Borchers

Der Nachmittag

Um mich das
hügelland der dächer

Und rauschen
aus der straßenschlucht

Im fenster schärft
die katze ihren schatten

Im fenster steht
das licht auf messers schneide

Im fenster bräunt
der klang von kaffeetassen

Um mich das
ackerland der dächer

Und angesät für
nachmittag der regen

Philipp Luidl

Berliner
Sparkas

Mitten in der Nacht

Keine Ahnung, wo ich bin.
Nichts als Dunkel um mich her.
Wie im Bauch von einem Fisch
meilentief im Schwarzen Meer.

Lebt noch jemand außer mir?
Oder bin ich ganz allein!
Diese Stille. Dieses Dunkel.
Gleich beginne ich zu schrein.

Da entdeck ich in der Schwärze
einen schmalen Strich aus Licht.
Das ist meine Zimmertüre!
Alles klar, ich schreie nicht.

Paul Maar

Um Mitternacht

Gelassen stieg die Nacht ans Land,
Lehnt träumend an der Berge Wand,
Ihr Auge sieht die goldne Waage nun
Der Zeit in gleichen Schalen stille ruhn;
    Und kecker rauschen die Quellen hervor,
    Sie singen der Mutter, der Nacht, ins Ohr.
      Vom Tage,
    Vom heute gewesenen Tage.

Das uralt alte Schlummerlied,
Sie achtet's nicht, sie ist es müd;
Ihr klingt des Himmels Bläue süßer noch,
Der flüchtgen Stunden gleichgeschwungnes Joch.
    Doch immer behalten die Quellen das Wort,
    Es singen die Wasser im Schlafe noch fort
      Vom Tage,
    Vom heute gewesenen Tage.

Eduard Mörike

Mondnacht

Es war, als hätt der Himmel
Die Erde still geküsst,
Dass sie im Blütenschimmer
Von ihm nun träumen müsst.

Die Luft ging durch die Felder,
Die Ähren wogten sacht,
Es rauschten leis die Wälder,
So sternklar war die Nacht.

Und meine Seele spannte
Weit ihre Flügel aus,
Flog durch die stillen Lande,
Als flöge sie nach Haus.

Joseph von Eichendorff

Abendständchen

Hör, es klagt die Flöte wieder,
Und die kühlen Brunnen rauschen.
Golden wehn die Töne nieder,
Stille, stille, lass uns lauschen!

Holdes Bitten, mild Verlangen,
Wie es süß zum Herzen spricht!
Durch die Nacht, die mich umfangen,
Blickt zu mir der Töne Licht.

Clemens Brentano

MORGENS UND ABENDS ZU LESEN –

oder:

Es ist Nacht, und mein Herz kommt zu dir

Es ist Nacht,
und mein Herz kommt zu dir,
hält's nicht aus,
hält's nicht aus mehr bei mir.

Legt sich dir auf die Brust,
wie ein Stein,
sinkt hinein,
zu dem deinen hinein.

Dort erst,
dort erst kommt es zur Ruh,
liegt am Grund
seines ewigen Du.

Christian Morgenstern

Der Weg zu dir

Die Kilometer
haben Beine bekommen
die Sieben Meilen
haben Stiefel bekommen
Die Stiefel laufen alle
davon zu dir

Ich will ihnen nachlaufen
da stützt mein Herz sich auf meinen
geschnitzten Stock
und hüpft
und hüpft außer Atem
den ganzen Weg bis zu dir hin

Nach jedem Sprung
fällt es auf Wirklichkeit
(so bin ich immer wieder
fast hingefallen
in deinem Garten
auf den Stufen zu dir hinauf)

Jedes Mal wenn es fällt
schlägt es auf
wie mein Stock auf die Stufen
Hörst du ihn klopfen?
Hörst du mein Herz klopfen lauter
als meinen Stock?

Erich Fried

Morgens und abends zu lesen

Der, den ich liebe
Hat mir gesagt
Dass er mich braucht.

Darum
Gebe ich auf mich acht
Sehe auf meinen Weg und
Fürchte von jedem Regentropfen
Dass er mich erschlagen könnte.

Bertolt Brecht

Rechenaufgabe unter Tränen

$3 + 4 = 7$
Du hast mir einen Brief geschrieben.
$7 + 1 = 8$
Der hat mich traurig gemacht.
$8 + 2 = 10$
Willst mich nicht wiedersehn.
$10 - 6 = 4$
Es liegt dir nichts an mir.
$4 - 1 = 3$
O.K., ich gebe dich frei!
$3 - 2 = 1$
Aber Glück wünsch ich dir keins!

Christine Nöstlinger

Wahnsinnig verliebt

Einerseits will ich es dir
mit einem Flugzeug
an den Himmel schreiben,
andererseits will ich es dir
nur unter der Bettdecke
in dein Ohr flüstern.

Jedenfalls schreibe ich dir
einen wunderschönen Brief
und lege ihn in den Kühlschrank,
damit er schön frisch bleibt.

Norbert Höchtlen

Traumkarte für Christine

Ich höre, du hast geträumt,
ich hätte dir Postkarten geschrieben,
aber nicht gewagt, sie abzuschicken.
Dabei habe ich nicht einmal gewagt,
dir Postkarten zu *schreiben*.
Diese Traumkarte schicke ich jetzt ab.

Arnfrid Astel

Klopfzeichen

Damals,
wenn sie zu ihm ging,
benützte sie nie die Klingel.
Sie klopfte ans Fenster,
klopfte an die Tür,
klopfte im Takt
seines Herzens.

Und jetzt, nach Jahrzehnten,
klopft sie noch immer,
wenn sie heimkommt,
im Takt ans Fenster
und an die Tür.
Und das wird so bleiben,
solange sein Herz schlägt
oder das ihre.

Klingeln kann jede.

Hans Manz

Weil du mich magst, kann ich fliegen
ohne Angst übers Haus.
Weil du mich magst, lach ich abends
die Gespenster aus.
Ich kriege Herzklopfen,
wenn du nach mir fragst,
weil du mich magst.

Weil du mich magst, bin ich stärker
als der Löwe im Zoo.
Weil du mich magst, bin ich mutig
und ich freue mich so.
Ich kriege Herzklopfen,
wenn du nach mir fragst,
weil du mich magst.

Weil du mich magst, seh ich Sterne
in der dunkelsten Nacht.
Weil du mich magst, leb ich gerne,
und ich geb auf mich acht.
Ich kriege Herzklopfen,
wenn du nach mir fragst,
weil du mich magst.

Weil du mich magst, will ich singen:
mal ganz leise, mal laut.
Weil du mich magst, bin ich glücklich,
habe Gänsehaut.
Ich kriege Herzklopfen,
wenn du nach mir fragst,
weil du mich magst.

Weil du mich magst, kann ich fliegen
ohne Angst übers Haus.
Weil du mich magst, lach ich abends
die Gespenster aus.
Ich kriege Herzklopfen,
wenn du nach mir fragst,
weil du mich magst.

Jutta Richter

Gedicht ohne Himbeergedanken

O du meine Pampelmuse,
ich geb dir Aprikosenamen!
Mein Erdbeerbeben!
Mein Stachelbeer!

Ich mag dich
ohne
wenn und Rhabarber
Mein Herz tanzt Mango
wenn ich dich
schlehe

Für dich raub ich
Melonen
birnen kurzer Zeit
Mach Vitamine
zum bösen Spiel

(Wenn ich mich
trauben würde
und nicht so
feige wär)

O,
o du meine Pampelmuse!

Ach.
Ich hör dein
Zähnekirschen

Wie?

O nein,
früchte dich nicht!

Ich bin
ganz
ohne
Himbeergedanken!

Susan Kreller

Ich habe dich so lieb

Ich habe dich so lieb!
Ich würde dir ohne Bedenken
Eine Kachel aus meinem Ofen
Schenken.

Ich habe dir nichts getan.
Nun ist mir traurig zumut.
An den Hängen der Eisenbahn
Leuchtet der Ginster so gut.

Vorbei – verjährt –
Doch nimmer vergessen.
Ich reise.
Alles, was lange währt,
Ist leise.

Die Zeit entstellt
Alle Lebewesen.
Ein Hund bellt.
Er kann nicht lesen.
Er kann nicht schreiben.
Wir können nicht bleiben.

Ich lache.
Die Löcher sind die Hauptsache
An einem Sieb.

Ich habe dich so lieb.

Joachim Ringelnatz

FRÜHMER, SOMTER, HERLING, WINMER –

oder:

Die Bäume räkeln sich. Die Fenster staunen

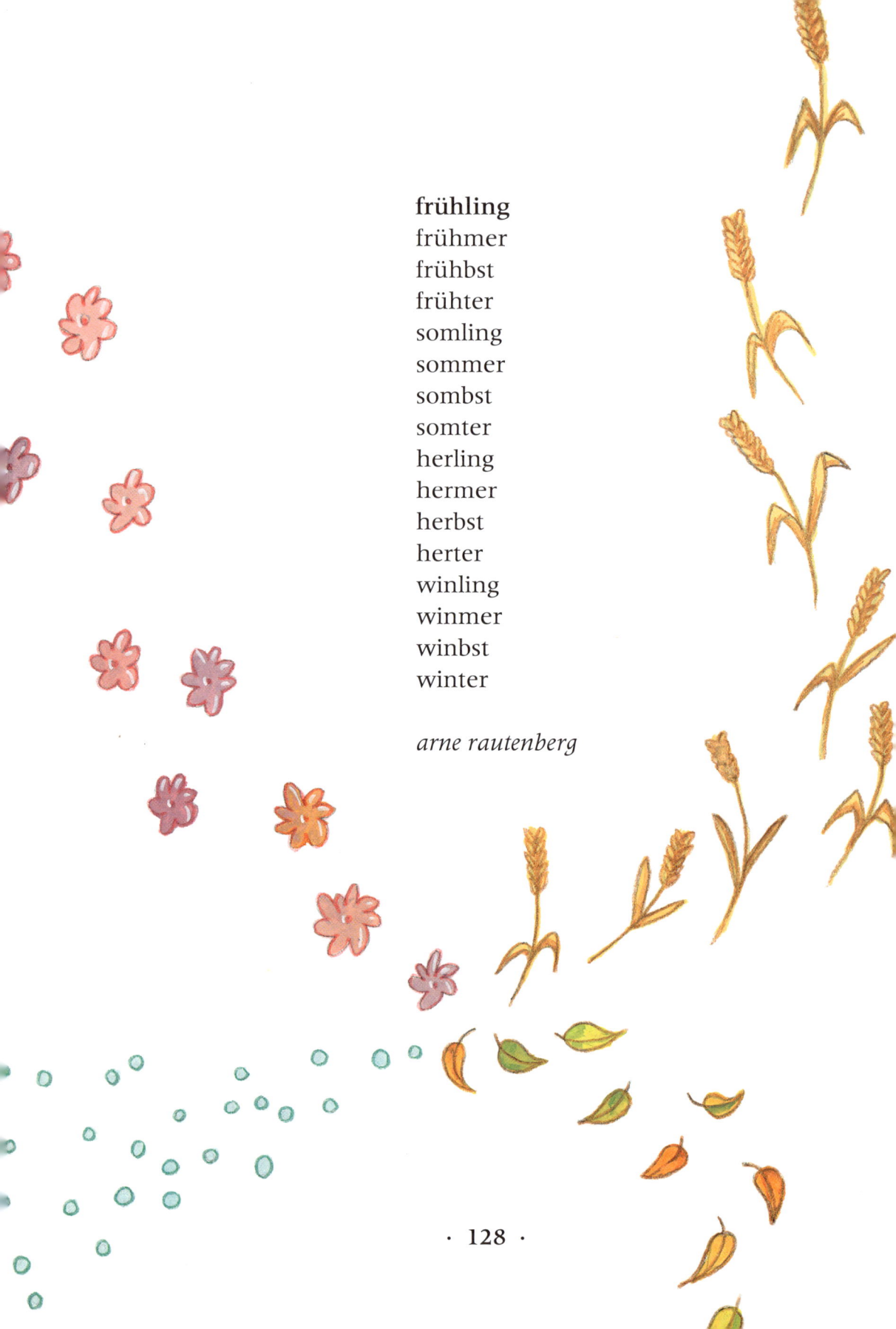

frühling
frühmer
frühbst
frühter
somling
sommer
sombst
somter
herling
hermer
herbst
herter
winling
winmer
winbst
winter

arne rautenberg

Besagter Lenz ist da

Es ist schon so. Der Frühling kommt in Gang.
Die Bäume räkeln sich. Die Fenster staunen.
Die Luft ist weich, als wäre sie aus Daunen.
Und alles andre ist nicht von Belang.

Nun brauchen alle Hunde eine Braut.
Und Pony Hütchen sagte mir, sie fände:
die Sonne habe kleine, warme Hände
und krabble ihr mit diesen auf der Haut.

Die Hausmannsleute stehen stolz vorm Haus.
Man sitzt schon wieder auf Caféterrassen
und friert nicht mehr und kann sich sehen lassen.
Wer kleine Kinder hat, der fährt sie aus.

Sehr viele Fräuleins haben schwache Knie.
Und in den Adern rollt's wie süße Sahne.
Am Himmel tanzen blaue Aeroplane.
Man ist vergnügt dabei. Und weiß nicht wie.

Man sollte wieder mal spazieren gehn.
Das Blau und Grün und Rot war ganz verblichen.
Der Lenz ist da! Die Welt wird frisch gestrichen!
Die Menschen lächeln, bis sie sich verstehn.

Die Seelen laufen Stelzen durch die Stadt.
Auf dem Balkon stehn Männer ohne Westen
und säen Kresse in die Blumenkästen.
Wohl dem, der solche Blumenkästen hat!

Die Gärten sind nur noch zum Scheine kahl.
Die Sonne heizt und nimmt am Winter Rache.
Es ist zwar jedes Jahr dieselbe Sache,
doch es ist immer wie zum ersten Mal.

Erich Kästner

Sommer

Im Sommer isst man grüne Bohnen,
Pfirsiche, Kirschen und Melonen.
In jeder Hinsicht schön und lang,
bilden die Tage einen Klang.

Durch Länder fahren Eisenbahnen,
auf Häusern flattern lust'ge Fahnen.
Wie ist's in einem Boote schön,
umgeben von gelinden Höhn.

Das Hochgebirge trägt noch Schnee,
die Blumen duften. Auf dem See
kann man mit Glücklichsein und Singen
vergnügt die lange Zeit verbringen.

Reich bin ich durch ich weiß nicht was,
man liest ein Buch und liegt im Gras
und hört von üb'rall her die dummen
unnützen Mücken, Fliegen summen.

Robert Walser

Septembermorgen

Im Nebel ruhet noch die Welt,
Noch träumen Wald und Wiesen:
Bald siehst du, wenn der Schleier fällt,
Den blauen Himmel unverstellt,
Herbstkräftig die gedämpfte Welt
In warmem Golde fließen.

Eduard Mörike

Herr von Ribbeck auf Ribbeck im Havelland

Herr von Ribbeck auf Ribbeck im Havelland,
Ein Birnbaum in seinem Garten stand,
Und kam die goldene Herbsteszeit
Und die Birnen leuchteten weit und breit,
Da stopfte, wenn's Mittag vom Turme scholl,
Der von Ribbeck sich beide Taschen voll,
Und kam in Pantinen ein Junge daher,
So rief er: „Junge, wiste 'ne Beer?"
Und kam ein Mädel, so rief er: „Lütt Dirn,
Kumm man röwer, ick hebb 'ne Birn."

So ging es viel Jahre, bis lobesam
Der von Ribbeck auf Ribbeck zu sterben kam.
Er fühlte sein Ende. 's war Herbsteszeit,
Wieder lachten die Birnen weit und breit,
Da sagte von Ribbeck: „Ich scheide nun ab.
Legt mir eine Birne mit ins Grab."
Und drei Tage drauf, aus dem Doppeldachhaus,
Trugen von Ribbeck sie hinaus,
Alle Bauern und Büdner mit Feiergesicht
Sangen „Jesus, meine Zuversicht",
Und die Kinder klagten, das Herze schwer:
„He is dod nu. Wer giwt uns nu 'ne Beer?"

So klagten die Kinder. Das war nicht recht.
Ach, sie kannten den alten Ribbeck schlecht.
Der *neue* freilich, der knausert und spart,
Hält Park und Birnbaum strenge verwahrt.
Aber der *alte*, vorahnend schon
Und voll Misstrauen gegen den eigenen Sohn,
Der wusste genau, was damals er tat,

Als um eine Birn' ins Grab er bat,
Und im dritten Jahr aus dem stillen Haus
Ein Birnbaumsprössling sprosst heraus.

Und die Jahre gehen wohl auf und ab,
Längst wölbt sich ein Birnbaum über dem Grab,
Und in der goldenen Herbsteszeit
Leuchtet's wieder weit und breit.
Und kommt ein Jung' übern Kirchhof her,
So flüstert's im Baum: „Wiste 'ne Beer?"
Und kommt ein Mädel, so flüstert's: „Lütt Dirn,
Kumm man röwer, ick gew di 'ne Birn."

So spendet Segen noch immer die Hand
Des von Ribbeck auf Ribbeck im Havelland.

Theodor Fontane

Hälfte des Lebens

Mit gelben Birnen hänget
Und voll mit wilden Rosen
Das Land in den See,
Ihr holden Schwäne,
Und trunken von Küssen
Tunkt ihr das Haupt
Ins heilignüchterne Wasser.

Weh mir, wo nehm ich, wenn
Es Winter ist, die Blumen, und wo
Den Sonnenschein,
Und Schatten der Erde?
Die Mauern stehn
Sprachlos und kalt, im Winde
Klirren die Fahnen.

Friedrich Hölderlin

Bohnen und Birnen

Bevor die grünen Dotter welken, –
die Hennen brüten einen frühen Herbst, –
jetzt gleich, bevor die Scherenschleifer
den Mond mit hartem Daumen prüfen,
der Sommer hängt noch an drei Fäden,
den Frost verschließt ein Medaillon,
noch eh der Schmuck, verwandt dem Regen wandert,
noch eh die Hälse nackt, vom Nebel halb begriffen,
bevor die Feuerwehr die Astern löscht
und Spinnen in die Gläser fallen,
um so der Zugluft zu entgehen,
vorher, bevor wir uns verkleiden,
in ärmliche Romane wickeln,
laßt uns noch grüne Bohnen brechen.
Mit gelben Birnen, einer Nelke,
mit Hammelfleisch laßt uns die grünen Bohnen,
mit schwarzer Nelke und mit gelben Birnen,
so wollen wir die grünen Bohnen essen,
mit Hammelfleisch mit Nelke und mit Birnen.

Günter Grass

Herbsttag

Herr: es ist Zeit. Der Sommer war sehr groß.
Leg deinen Schatten auf die Sonnenuhren,
und auf den Fluren lass die Winde los.

Befiehl den letzten Früchten voll zu sein;
gib ihnen noch zwei südlichere Tage,
dränge sie zur Vollendung hin und jage
die letzte Süße in den schweren Wein.

Wer jetzt kein Haus hat, baut sich keines mehr.
Wer jetzt allein ist, wird es lange bleiben,
wird wachen, lesen, lange Briefe schreiben
und wird in den Alleen hin und her
unruhig wandern, wenn die Blätter treiben.

Rainer Maria Rilke

Fragen im Oktober

Du siehst die Astern blühen.
Wie lange noch?
Laubwälder siehst du glühen.
Wie lange noch?
Du hörst die Meise singen.
Wie lange noch?
Du fragst bei allen Dingen:
Wie lange noch?
Nun rüste Haus und Schober!
Wie bange doch
fragt jeder im Oktober:
Wie lange noch?

James Krüss

warten

laut und leise
groß und klein
und dämlicher weise
viel zu allein

lieb und bös
heiter und ernst
ach ich dös
bis du kommst (und mich wärmst)

arne rautenberg

Schnee

Der Schnee fällt leicht und licht,
als fiele er gar nicht,
aufs grüne, graue Gras,
tut weiter nichts als das.

Er fällt mir ins Gesicht,
er fällt und sieht mich nicht.
Er ist aus leisem Glas,
und weiter nichts als das.

Jürg Schubiger

AUSSCHNITT –

oder:

Das Große bleibt groß nicht und klein nicht das Kleine

Ausschnitt

Nun prasselt der Regen.
Nun schlägt er Löcher in den Sand.
Nun sprenkelt er den Weg.
Nun wird der Weg grau.
Nun wird das Graue schwarz.
Nun weicht der Regen den Sand auf.
Nun rieseln Bäche durch den Schlamm.
Nun werden die Bäche zu Flüssen.
Nun verzweigen die Flüsse sich.
Nun schließen die Flüsse die Ameise ein.
Nun rettet sich die Ameise auf eine Halbinsel.
Nun reißt die Verbindung ab.
Nun ist die Halbinsel eine Insel.
Nun wird die Insel überschwemmt.

Nun treibt die Ameise im Strudel.
Nun kämpft sie um ihr Leben.
Nun lassen die Kräfte der Ameise nach.
Nun ist sie am Ende.
Nun bewegt sie sich nicht mehr.
Nun versinkt sie.
Nun hört der Regen auf.

Sarah Kirsch

Abendlied

Warum, ach sag, warum
geht nun die Sonne fort?
Schlaf ein, mein Kind, und träume sacht,
das kommt wohl von der dunklen Nacht,
da geht die Sonne fort.

Warum, ach sag, warum
wird unsere Stadt so still?
Schlaf ein, mein Kind, und träume sacht,
das kommt wohl von der dunklen Nacht,
weil sie dann schlafen will.

Warum, ach sag, warum
brennt die Laterne so?
Schlaf ein, mein Kind, und träume sacht,
das kommt wohl von der dunklen Nacht,
da brennt sie lichterloh!

Warum, ach sag, warum
gehn manche Hand in Hand?
Schlaf ein, mein Kind, und träume sacht,
das kommt wohl von der dunklen Nacht,
da geht man Hand in Hand.

Warum, ach sag, warum
ist unser Herz so klein?
Schlaf ein, mein Kind, und träume sacht,
das kommt wohl von der dunklen Nacht,
da sind wir ganz allein.

Wolfgang Borchert

Abendgebet

Herrgott, allmächtiger,
wie teilst Du das bloß ein?
Wer darf ein Weißer,
wer muss ein Schwarzer sein?
Wen machst Du arm,
wer kriegt in Masse Moneten?
Wer wird ein Graf,
wen machst Du zum Proleten?
Wen lässt Du lang auf Erden,
wen holst Du Dir bald zurück?
Wen ersäufst Du im Elend,
wen verwöhnst Du mit Glück?

Ob das bei Dir wohl
nach einem genauen Plan geht?
Oder ob das
in fernen Galaxien in einem Stern steht?

Sag bloß nicht,
Du mischst Dich da gar nicht ein.
Ein Allmächtiger
darf nicht so gleichgültig sein!

Christine Nöstlinger

Moderne Legende

Als der Abend übers Schlachtfeld wehte
Waren die Feinde geschlagen.
Klingend die Telegrafendrähte
Haben die Kunde hinausgetragen.

Da schwoll am einen Ende der Welt
Ein Heulen, das am Himmelsgewölbe zerschellt'
Ein Schrei, der aus rasenden Mündern quoll
Und wahnsinntrunken zum Himmel schwoll.
Tausend Lippen wurden vom Fluchen blass
Tausend Hände ballten sich wild im Hass.

Und am andern Ende der Welt
Ein Jauchzen am Himmelsgewölbe zerschellt'
Ein Jubeln, ein Toben, ein Rasen der Lust
Ein freies Aufatmen und Recken der Brust.
Tausend Lippen wühlten im alten Gebet
Tausend Hände falteten fromm sich und stet.

In der Nacht noch spät
Sangen die Telegrafendräht'
Von den Toten, die auf dem Schlachtfeld geblieben – –
Siehe, da ward es still bei Freunden und Feinden.

Nur die Mütter weinten
Hüben – und drüben.

Bertolt Brecht

vater komm erzähl vom krieg

vater komm erzähl vom krieg
vater komm erzähl wiest eingrückt bist
vater komm erzähl wiest gschossen hast
vater komm erzähl wiest verwundt worden bist
vater komm erzähl wiest gfallen bist
vater komm erzähl vom krieg

ernst jandl

Wo ist das Land?

Wo ist das Land, wo die Blumen nicht sterben?
Wo ist das Land ohne Hass und Betrug?
Wo ist das Land ohne Krieg und Verderben?
Wo ist das Land ohne Bosheit und Lug?

Wo ist das Meer, das sich bricht an dem Strande?
Wo ist der Alk, der die Küste befliegt?
Wo ist ein Mensch aus dem glücklichen Lande?
Wo ist ein Kind, das uns sagt, wo es liegt?

Wo auf der Welt kann ein Mensch dorthin reisen?
Wo auf der Welt ist ein Schiff, das uns fährt?
Wo ist der Mann, um den Weg uns zu weisen?
Wo ist das Amt, das die Reise gewährt?

Wo ist das Land, wo die Blumen nicht sterben?
Wo ist das Land, wo sich Menschen verstehn?
Wo ist das Land ohne Krieg und Verderben?
Wo ist das Land?

Es hat keiner gesehn.

James Krüss

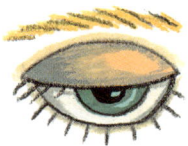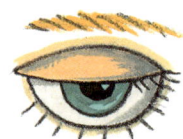

Angst und Zweifel

Zweifle nicht
an dem
der dir sagt
er hat Angst

aber hab Angst
vor dem
der dir sagt
er kennt keinen Zweifel

Erich Fried

lichtung

manche meinen
lechts und rinks
kann man nicht velwechsern.
werch ein illtum

ernst jandl

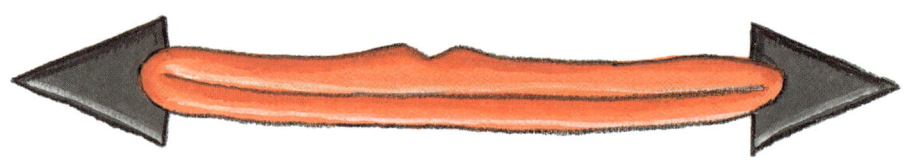

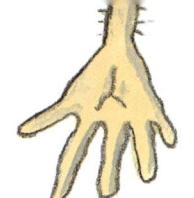

Hände

Wir gehen durch die Innenstadt
vorbei an Männern ohne Zähne,
lauter aufgehaltene Hände –
Penner,
sagt die Mama
und sie zieht mich mit sich mit.
Nein.
Nein.
Nein.
Nein.
Nein:
Keiner will sie sehn,
keiner bleibt hier stehn.
Stadt voll strenger Leute
und ich renne los und denke:
Ich bin zum Glück
noch nicht zu groß
für Taschengeld-Geschenke.

Edward van de Vendel
(aus dem Niederländischen von Rolf Erdorf)

Ermutigung

Du, lass dich nicht verhärten
In dieser harten Zeit
Die allzu hart sind, brechen
Die allzu spitz sind, stechen
Und brechen ab sogleich

Du, lass dich nicht verbittern
In dieser bittren Zeit
Die Herrschenden erzittern
– sitzt du erst hinter Gittern –
Doch nicht vor deinem Leid

Du, lass dich nicht erschrecken
In dieser Schreckenszeit
Das wolln sie doch bezwecken
Dass wir die Waffen strecken
Schon vor dem großen Streit

Du, lass dich nicht verbrauchen
Gebrauche deine Zeit
Du kannst nicht untertauchen
Du brauchst uns, und wir brauchen
Grad deine Heiterkeit

Wir wolln es nicht verschweigen
In dieser Schweigezeit
Das Grün bricht aus den Zweigen
Wir wolln das allen zeigen
Dann wissen sie Bescheid

Wolf Biermann

Das Lied von der Moldau

Am Grunde der Moldau wandern die Steine
Es liegen drei Kaiser begraben in Prag.
Das Große bleibt groß nicht und klein nicht das Kleine.
Die Nacht hat zwölf Stunden, dann kommt schon der Tag.

Es wechseln die Zeiten. Die riesigen Pläne
Der Mächtigen kommen am Ende zum Halt.
Und gehn sie einher auch wie blutige Hähne
Es wechseln die Zeiten, da hilft kein Gewalt.

Am Grunde der Moldau wandern die Steine
Es liegen drei Kaiser begraben in Prag.
Das Große bleibt groß nicht und klein nicht das Kleine.
Die Nacht hat zwölf Stunden, dann kommt schon der Tag.

Bertolt Brecht

AUS WORTEN WELTEN RUFEN –

                    oder:

Nicht müde werden, sondern dem Wunder leise,
wie einem Vogel, die Hand hinhalten

Sprachlicher Rückstand

Immer noch
sagen wir dem
was am Morgen geschieht

die Sonne geht auf

obwohl seit Kopernikus klar ist
die Sonne bleibt stehn
und
die Welt geht unter

Franz Hohler

Worte

Ihr nehmt die schnellen
die euch zur hand sind
die glatten
die euch nicht wehtun

Die langsamen aber
die aus der nacht kommen
mit steinen im mund

Die seltsamen aber
die ans haus klopfen
mit geschundenen fingern

Die schüchternen aber
die um verzeihung bitten
sie alle habt ihr versäumt

Philipp Luidl

Worte

Wenn meinen Worten die Silben ausfallen vor Müdigkeit
und auf der Schreibmaschine die dummen Fehler beginnen
wenn ich einschlafen will
        und nicht mehr wachen zur täglichen Trauer
um das was geschieht in der Welt
        und was ich nicht verhindern kann

beginnt da und dort ein Wort sich zu putzen und leise zu summen
und ein halber Gedanke kämmt sich und sucht einen andern
der vielleicht eben noch an etwas gewürgt hat
        was er nicht schlucken konnte
doch jetzt sich umsieht
und den halben Gedanken an der Hand nimmt und sagt zu ihm:
        Komm

Und dann fliegen einige von den müden Worten
und einige Tippfehler die über sich selber lachen
mit oder ohne die halben und ganzen Gedanken
aus dem Londoner Elend über Meer und Flachland und Berge
immer wieder hinüber zur selben Stelle

Und morgens wenn du die Stufen hinuntergehst durch den Garten
und stehen bleibst und aufmerksam wirst und hinsiehst
kannst du sie sitzen sehen oder auch flattern hören
ein wenig verfroren und vielleicht noch ein wenig verloren
und immer ganz dumm vor Glück dass sie wirklich bei dir sind

Erich Fried

Fisch

Fisch der will was sagen,
Fisch der schaut mich an.
Fisch der spitzt die Lippen:
Weiß nicht was er
meinen kann.
Nie und nimmer kann ich hören,
was mein Fisch mir sagen will:
Ich bin wasserwortetaub,
Fisch ist menschenstimmenstill.

Edward van de Vendel
(aus dem Niederländischen von Rolf Erdorf)

Nicht fertig werden

Die Herzschläge nicht zählen
Delphine tanzen lassen
Länder aufstöbern
Aus Worten Welten rufen
horchen was Bach
zu sagen hat
Tolstoi bewundern
sich freuen
trauern
höher leben
tiefer leben
noch und noch

Nicht fertig werden

Rose Ausländer

Wahl

Ein Mandelbaum sein
eine kleine Wolke
in Kopfhöhe über dem Boden
ganz hell
einmal im Jahr

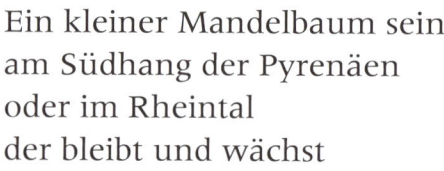

Einer im kleinen Stoßtrupp
des Frühlings
keinem zu Leid als sich selber
im Glauben an einen blauen Tag
vor Kälte verbrennen

Ein kleiner Mandelbaum sein
am Südhang der Pyrenäen
oder im Rheintal
der bleibt und wächst
wo er gepflanzt ist

Aber entlang gehen
bei diesem Mandelbaum
oder ihn plötzlich sehn
wenn der Zug
aus dem Tunnel kommt

Lachen und Weinen und die unmögliche
Wahl haben
und nichts ganz recht tun
und nichts ganz verkehrt
und vielleicht alles verlieren

Doch mit Ja und Nein und Für-immer-vorbei
nicht müde werden
sondern dem Wunder
leise
wie einem Vogel,
die Hand hinhalten

Hilde Domin

AUTORENVERZEICHNIS

VERZEICHNIS DER TITEL UND ANFÄNGE DER GEDICHTE

Gedichtanfänge kursiv

QUELLENNACHWEIS

Anger-Schmidt, Gerda: *Wünsche wie Wolken / Ich bin ein TIGER*.
Aus: Anger-Schmidt, Gerda: Neun nackte Nilpferddamen. © Residenz Verlag
im Niederösterreichischen Pressehaus Druck- und Verlagsgesellschaft mbH,
St. Pölten/Salzburg, 2003.

Arp, Hans: *Der Sehmann*. Aus: Arp, Hans: Gesammelte Gedichte III.
© Arche Literatur Verlag AG, Zürich/Hamburg, 1984, 2005.

Arp, Hans: *Sekundenzeiger*. Aus: Arp, Hans: Gesammelte Gedichte. Band 1.
© Limes Verlag, Wiesbaden, 1963, genehmigt durch die F.A. Herbig Verlags-
buchhandlung GmbH, München.

Astel, Arnfrid: *Traumkarte für Christine*. Aus: www.zikaden.de. © Arnfrid Astel.

Ausländer, Rose: *Nicht fertig werden*. Aus: Ausländer, Rose: Wieder ein Tag aus
Glut und Wind. Gedichte 1980-1982. © S. Fischer Verlag, Frankfurt am Main,
1986.

Bachmann, Ingeborg: *Das Spiel ist aus*. Aus: Bachmann, Ingeborg: Tage in
Weiß. Werke, Band 1: Gedichte. © Piper Verlag GmbH, München, 1978.

Biermann, Wolf: *Ermutigung*. © Wolf Biermann 1966, genehmigt durch Hoff-
mann und Campe Verlag GmbH.

Borchers, Elisabeth: *Neuer Tag*. Aus: Borchers, Elisabeth: Alles redet, alles
schweigt und ruft. © Suhrkamp Verlag, Frankfurt am Main, 2004.

Borchert, Wolfgang: *Abendlied*. Aus: Borchert, Wolfgang: Das Gesamtwerk.
Hrsg. von Michael Töteberg unter Mitarbeit von Irmgard Schindler.
© Rowohlt Verlag GmbH, Reinbek bei Hamburg, 2007.

Brecht, Bertolt: *Der Rauch / Morgens und abends zu lesen / Moderne Legende / Das Lied von der Moldau*. Aus: Die Gedichte von Bertolt Brecht in einem Band. © Suhrkamp Verlag, Frankfurt am Main, 1981.

Brentano, Clemens: *Abendständchen*. Aus: Schillemeit, Jost (Hrsg.): Deutsche Lyrik von den Anfängen bis zur Gegenwart. Bd. 7. dtv, München, 2001.

Busch, Wilhelm: *Die alten Tanten*. Aus: Pleticha, Heinrich (Hrsg.)/Kulot, Daniela: Und strömt und ruht. Gedichte und Bilder. Thienemann Verlag, Stuttgart/Wien, 2005.

Dahimène, Adelheid: *Fee Fee*. Aus: Knödler, Christine (Hrsg.): Geschichten-koffer für Glückskinder. Erzähltes, Gemaltes, Gereimtes, Ungereimtes, Tiefsinn und Unsinn. Boje Verlag, Köln, 2007. © Adelheid Dahimène.

Domin, Hilde: *Nur eine Rose als Stütze / Wahl*. Aus: Domin, Hilde: Gesammelte Gedichte. © S. Fischer Verlag, Frankfurt am Main, 1987.

Drvenkar, Zoran: *direkt*. © Zoran Drvenkar.

Eichendorff, Joseph von: *Mondnacht*. Aus: Eichendorff, Joseph von: Werke. Winkler, München, 1996.

Ende, Michael: *Ein sehr kurzes Märchen*. Aus: Ende, Michael/Binette Schröder: Die Schattennähmaschine. © Thienemann Verlag, Stuttgart/Wien, 1982.

Enzensberger, Hans Magnus: *Der Fliegende Robert*. Aus: Enzensberger, Hans Magnus: Die Gedichte. Frankfurt am Main, 1983, in: Kindheit im Gedicht. Deutsche Verse aus acht Jahrhunderten. Gesammelt, herausgegeben und kommentiert von Dieter Richter. © Suhrkamp Verlag GmbH, Frankfurt am Main, 1992.

Erhardt, Heinz: *Der Kabeljau*. Aus: Das große Heinz-Erhardt-Buch. © Lappan Verlag, Oldenburg, 2009.

Fontane, Theodor: *Herr von Ribbeck auf Ribbeck im Havelland*. Aus: Fontane, Theodor: Werke, Schriften und Briefe. Hrsg. von Walter Keitel und Helmuth Nürnberger. Carl Hanser Verlag, München, 1995.

Frank, Karlhans: *Arme Tante Adelheid*. Aus: Frank, Karlhans: Im Eigelb steckt der Igel. © Boje Verlag, Köln, 2008.

Fried, Erich: *Angst und Zweifel*. Aus: Fried, Erich: Gegengift. © Verlag Klaus Wagenbach, Berlin, 1974.

Fried, Erich: *Der Weg zu dir / Worte*. Aus: Fried, Erich: Liebesgedichte. © Verlag Klaus Wagenbach, Berlin, 1979.

Fuchs, Günter Bruno: *Der Irre ist gestorben*. Aus: Fuchs, Günter Bruno: Gedichte und kleine Prosa. Mit Grafiken des Autors. Hrsg. und mit einem Nachwort von Wilfried Ihrig. © Carl Hanser Verlag, München, 1976.

Fuchs, Günter Bruno: *Schularbeiten*. Aus: Fuchs, Günter Bruno: Gemütlich summt das Vaterland. Zusammengestellt von Michael Krüger. © Carl Hanser Verlag, München, 1984.

Gernhardt, Robert: *Gesetzt den Fall ...* Aus: Gernhardt, Robert: Ich höre was, was du nicht siehst. © Insel Verlag, Frankfurt am Main, 1975.

Gernhardt, Robert: *Das gute Schwein*. Aus: Gernhardt, Robert: Mit dir sind wir vier. S. Fischer Verlag, Frankfurt am Main, 1976. © Robert Gernhardt.

Goethe, Johann Wolfgang von: *Hat alles seine Zeit / Es fing ein Knab ein Vögelein*. Aus: Goethe, Johann Wolfgang von: Sämtliche Werke. Briefe, Tagebücher, Gespräche. Hrsg. von Friedmar Apel u.a. Deutscher Klassiker Verlag, Frankfurt am Main, 1985/1999.

Grass, Günter: *Bohnen und Birnen*. Aus: Grass, Günter: Gedichte und Kurzprosa (Werkausgabe, Band 1). © Steidl Verlag, Göttingen, 1997/2000.

Grosche, Erwin: *Der Angeber*. Aus: Grosche, Erwin: König bin ich gerne. Geschichten und Gedichte für Kinder. © cbj Taschenbuch Verlag, München, in der Verlagsgruppe Random House GmbH, 2006.

Guggenmos, Josef: *Ich geh durch das Dorf*. Aus: Gelberg, Hans-Joachim (Hrsg.): Großer Ozean. Gedichte für alle. © Beltz & Gelberg, Weinheim und Basel, 2000.

Guggenmos, Josef: *Die kleine freche Maus / Gegen den Wind.* Aus: Guggenmos, Josef: Oh, Verzeihung, sagte die Ameise. © Beltz & Gelberg, Weinheim und Basel, 1990.

Härtling, Peter: *Wiegenlied für Stefan.* Aus: Härtling, Peter: Gesammelte Werke. Gedichte. Band 8. Hrsg. von Klaus Siblewski. © Verlag Kiepenheuer & Witsch GmbH & Co. KG, Köln, 1999.

Heine, Heinrich: *Mein Kind, wir waren Kinder.* Aus: Heine, Heinrich: Historisch-kritische Gesamtausgabe der Werke in 16 Bänden. Hrsg. von Manfred Windfuhr. Hoffmann und Campe Verlag, Hamburg, 1973/1996.

Heine, Heinrich: *Der Wind zieht seine Hosen an.* Aus: Neue Melodien spiel ich. Gedichte. Ausgewählt und hrsg. von Klaus Briegleb. Insel Verlag, Frankfurt am Main/Leipzig, 1997.

Hesse, Hermann: *Stufen.* Aus: Hesse, Hermann: Sämtliche Werke. Band 10: Die Gedichte. © Suhrkamp Verlag, Frankfurt am Main, 2002.

Hodjak, Franz: *Kinderlied.* Aus: Gelberg, Hans-Joachim (Hrsg.): Großer Ozean. Gedichte für alle. © Beltz & Gelberg, Weinheim und Basel, 2000.

Höchtlen, Norbert: *Wahnsinnig verliebt.* Aus: Gelberg, Hans-Joachim (Hrsg.): Großer Ozean. Gedichte für alle. © Beltz & Gelberg, Weinheim und Basel, 2000.

Hölderlin, Friedrich: *Hälfte des Lebens.* Aus: Hölderlin, Friedrich: Werke, Briefe, Dokumente. Winkler, München, 1990.

Hoffmann, Heinrich: *Die Geschichte vom fliegenden Robert.* Aus: Der Struwwelpeter oder lustige Geschichten und drollige Bilder. Nachdruck der Erstausgabe. Insel Verlag, Leipzig, o.J., in: Kindheit im Gedicht. Deutsche Verse aus acht Jahrhunderten. Gesammelt, herausgegeben und kommentiert von Dieter Richter. S. Fischer Verlag, Frankfurt am Main, 1992.

Hohler, Franz: *Sprachlicher Rückstand.* Aus: Hohler, Franz: Vierzig vorbei. Gedichte. Luchterhand, Darmstadt, 1988.

Jandl, Ernst: *inhalt / das läuten / das bersten / vater komm erzähl vom krieg / lichtung.* Aus: Jandl, Ernst: Poetische Werke. Hrsg. von Klaus Siblewski. © Luchterhand Literaturverlag, München, in der Verlagsgruppe Random House GmbH, 1997.

Janisch, Heinz: *Das Kopftuch meiner Großmutter.* Aus: Janisch, Heinz: Ich schenk dir einen Ton aus meinem Saxofon. © Verlag Jungbrunnen, Wien, 1999.

Jeschke, Mathias: *Frischgefischtes.* Aus: Knödler, Christine (Hrsg.): Geschichtenkoffer für Schatzsucher. Erzähltes, Gemaltes, Gereimtes, Tiefsinn und Unsinn. Boje Verlag, Köln, 2006. © Mathias Jeschke.

Kästner, Erich: *Die Sache mit den Klößen / Besagter Lenz ist da.* Aus: Doktor Erich Kästners lyrische Hausapotheke. © Atrium Verlag, Zürich, 1936, und Thomas Kästner.

Kaléko, Mascha: *Sozusagen grundlos vergnügt.* Aus: Kaléko, Mascha: In meinen Träumen läutet es Sturm. dtv, München, 1977.

Kirsch, Sarah: *Ausschnitt.* Aus: Kirsch, Sarah: Sämtliche Gedichte. © Deutsche Verlags-Anstalt, München, in der Verlagsgruppe Random House GmbH, 2005.

Kreller, Susan: *Von Glück reden / Gedicht ohne Himbeergedanken.* Aus: Knödler, Christine (Hrsg.): Geschichtenkoffer für Glückskinder. Erzähltes, Gemaltes, Gereimtes, Ungereimtes, Tiefsinn und Unsinn. Boje Verlag, Köln, 2007. © Susan Kreller.

Krüss, James: *Die Löwenbändigerin.* Aus: Krüss, James: James' Tierleben. © Carlsen Verlag, Hamburg, 2003.

Krüss, James: *Der Reisepudel Archibald / Fragen im Oktober.* Aus: Ein Eisbär ist kein Pinguin. Das große James-Krüss-Buch. Hrsg. von Renate Raecke. © Boje Verlag, Köln, 2007.

Krüss, James: *Wo ist das Land?* Aus: Bartos-Höppner, Barbara (Hrsg.): Kindergedichte unserer Zeit. Würzburg, Arena Verlag, 1984. © Erbengemeinschaft James Krüss.

Kruse, Max: *Herr Schneck / Abendlied.* © Max Kruse.

Kunze, Reiner: *Schlafwagenschlaflied.* Aus: Kunze, Reiner: Wohin der Schlaf sich schlafen legt. © S. Fischer Verlag, Frankfurt am Main, 1991.

Luidl, Philipp: *Mit dem drachen / Auf dem ruf / Der Nachmittag / Worte.* Aus: Luidl, Philipp: Weitere Gedichte. © Maro Verlag, Augsburg, 2001.

Maar, Paul: *Zukunft.* Aus: Gelberg, Hans-Joachim (Hrsg.): Oder die Entdeckung der Welt. © Beltz & Gelberg, Weinheim und Basel, 1997.

Maar, Paul: *Mitten in der Nacht.* Aus: Gelberg, Hans-Joachim (Hrsg.): Großer Ozean. Gedichte für alle. © Beltz & Gelberg, Weinheim und Basel, 2000.

Manz, Hans: *Der Stuhl.* Aus: Gelberg, Hans-Joachim (Hrsg.): Großer Ozean. Gedichte für alle. © Beltz & Gelberg, Weinheim und Basel, 2000.

Manz, Hans: *Im Regen gehen.* Aus: Manz, Hans: Lieber heute als morgen. © Beltz & Gelberg, Weinheim und Basel, 1988.

Manz, Hans: *Klopfzeichen.* Aus: Gelberg, Hans-Joachim (Hrsg.): Oder die Entdeckung der Welt. © Beltz & Gelberg, Weinheim und Basel, 1997.

Marti, Kurt: *gedicht von gedichten.* Aus: Marti, Kurt: gedichte alfabeete & cymbalklang. © Wolfgang Fietkau Verlag, Kleinmachnow, 1966.

Mayröcker, Friederike: *was brauchst du.* Aus: Mayröcker, Friederike: Gesammelte Gedichte 1939-2003. © Suhrkamp Verlag, Frankfurt am Main, 2004.

Meyer, Conrad Ferdinand: *Der römische Brunnen.* Aus: Meyer, Conrad Ferdinand: Sämtliche Werke. Band 2. Winkler, München, 1996.

Mörike, Eduard: *Um Mitternacht / Septembermorgen.* Aus: Mörike, Eduard: Sämtliche Werke. Band 1. Winkler, München, 1997.

Morgenstern, Christian. *Es ist Nacht.* Aus: Harnisch, Ingeborg (Hrsg.): Ich denke dein. Deutsche Liebesgedichte. Verlag der Nation, Berlin, 1990.

Nöstlinger, Christine: *Rechenaufgabe unter Tränen / Abendgebet.*
Aus: Gelberg, Hans-Joachim (Hrsg.): Großer Ozean. Gedichte für alle.
© Beltz & Gelberg, Weinheim und Basel, 2000.

Rautenberg, Arne: *komm wir spieln das nachsagespiel / frühling / warten.*
© Arne Rautenberg.

Richter, Jutta: *Weil du mich magst.* Aus: Richter, Jutta: Es lebte ein Kind auf den Bäumen. © Carl Hanser Verlag, München, 1999.

Rilke, Rainer Maria: *Der Panther / Herbsttag.* Aus: Rilke, Rainer Maria: Sämtliche Werke. Hrsg. vom Rilke-Archiv in Verbindung mit Ruth Sieber Rilke, besorgt durch Ernst Zinn. Insel Verlag, Frankfurt am Main, 1955.

Ringelnatz, Joachim: *Kindersand.* Aus: Ringelnatz, Joachim: Kinder-Verwirr-Buch. Aufbau, Berlin, 2008.

Ringelnatz, Joachim: *Arm Kräutchen.* Aus: Ringelnatz, Joachim: Das Gesamtwerk in sieben Bänden. Diogenes, Zürich, 1994.

Ringelnatz, Joachim: *Segelschiffe.* Aus: Ringelnatz, Joachim: Und auf einmal steht es neben dir. Gesammelte Gedichte. Karl H. Henssel Verlag, Berlin, 1964.

Ringelnatz, Joachim: *Ich habe dich so lieb.* Aus: Ringelnatz, Joachim: Sämtliche Gedichte. Diogenes, Zürich, 1997.

Schirneck, Hubert: *Windgedicht.* Aus: Gelberg, Hans-Joachim (Hrsg.): Oder die Entdeckung der Welt. © Beltz & Gelberg, Weinheim und Basel, 1997.

Schneider, Antonie: *Mein weißes Blatt / Capri / Die drei Fische / Dann und wann und irgendwo.* Aus: Knödler, Christine (Hrsg.): Geschichtenkoffer für Glückskinder. Erzähltes, Gemaltes, Gereimtes, Ungereimtes, Tiefsinn und Unsinn. Boje Verlag, Köln, 2007. © Antonie Schneider.

Schubiger, Jürg: *Ich bin so.* Aus: Gelberg, Hans-Joachim (Hrsg.): Oder die Entdeckung der Welt. © Beltz & Gelberg, Weinheim und Basel, 1997.

Schubiger, Jürg: *Schnee*. Aus: Knödler, Christine (Hrsg.): Der Weihnachts-
geschichtenkoffer. Boje Verlag, Köln, 2008. © Jürg Schubiger.

Schwitters, Kurt: *Kaffeeklatsch*. Aus: Schwitters, Kurt: Das gesamte literarische
Werk. Band 1. © DuMont Buchverlag, Köln, 1973.

Trampe, Wolfgang: *Märkischer Bahnhof*. © Wolfgang Trampe.

Tucholsky, Kurt: *Mutterns Hände / Im Käfig*. Aus: Tucholsky, Kurt: Augen in der
Großstadt. Gedichte und Prosa. Edition Büchergilde, Frankfurt am Main, 2006.

Tuckermann, Anja: *Die Möwe*. Aus: Knödler, Christine (Hrsg.): Geschichten-
koffer für Schatzsucher. Erzähltes, Gemaltes, Gereimtes, Tiefsinn und Unsinn.
Boje Verlag, Köln, 2006. © Anja Tuckermann.

van de Vendel, Edward: *Hände / Fisch*. Aus: van de Vendel, Edward: Super-
guppy. © Boje Verlag, Köln, 2008.

Walser, Robert: *Sommer*. Aus: Walser, Robert: Das Gesamtwerk.
Hrsg. von Jochen Greven. Verlag Helmut Kossodo, Genf/Hamburg, 1971.
© Suhrkamp Verlag, Frankfurt am Main.

Wenzel, Hans-Eckardt: *Das Meer geht heute bis an meine Zehen*. Aus: Wenzel,
Hans-Eckardt: Antrag auf Verlängerung des Monats August. Gedichte.
Mitteldeutscher Verlag, Halle/Leipzig, 1986. © Weltkreis im Pahl-Rugenstein
Verlag, Bonn, 1987.

Knödler, Christine (Hrsg.):
In wenigen Worten die ganze Welt –
Gedichte für Kinder und Erwachsene
Mit Bildern von Daniela Kulot
ISBN 978 3 522 18178 5

Gesamtausstattung: Daniela Kulot
Innentypografie: Marlis Killermann
Schrift: Meridien
Satz: KCS GmbH, Buchholz/Hamburg
Reproduktion: Photolitho AG, Gossau/Zürich
Druck und Bindung: Himmer AG, Augsburg
© 2009 by Thienemann Verlag
(Thienemann Verlag GmbH), Stuttgart/Wien
Printed in Germany. Alle Rechte vorbehalten.
5 4 3 2 1° 09 10 11 12

www.thienemann.de
www.daniela-kulot.de